SOUVENIRS
SUR
LE THÉATRE-FRANÇAIS
PAR
JOUSLIN DE LA SALLE
(1833 — 1837)

ANNOTÉS ET PUBLIÉS PAR

M. G. MONVAL et le Comte FLEURY

PRIX : 3 FRANCS.

PARIS
EMILE PAUL, Editeur
100, Faubourg-Saint-Honoré, 100.

1900

SOUVENIRS DE JOUSLIN DE LA SALLE

Sur le Théâtre-Français.

Tiré à 100 exemplaires.

SOUVENIRS

SUR

LE THÉATRE-FRANÇAIS

PAR

JOUSLIN DE LA SALLE

(1833—1837)

ANNOTÉS ET PUBLIÉS PAR

M. G. MONVAL et le Comte FLEURY

PARIS

EMILE PAUL, EDITEUR

100, Faubourg-Saint-Honoré, 100.

—

1900

SOUVENIRS DE JOUSSELIN DE LA SALLE

Sur le Théâtre-Français.

Ces *Souvenirs*, parus il y a quarante ans dans une revue éphémère, *la Revue française*, m'ont été aimablement indiqués par M. Georges Bertin. Leur auteur, Jousselin de La Salle, né à Paris en 1791, mort oublié en 1863, avait été vaudevilliste de second plan, directeur de la Porte-Saint-Martin et premier directeur de la Comédie-Française, de 1830 à 1833. Il a été un des « inventeurs » de Rachel et connaissait parfaitement le théâtre de son époque. Jousselin de La Salle n'ayant laissé aucun héritier (MM. Jules Claretie et G. Monval ont pris gracieusement la peine de faire des recherches à ce sujet), je me suis cru en droit de republier ces *Souvenirs*, qui offrent un intérêt anecdotique indiscutable.

I

Coup d'œil sur la Comédie-Française en 1830. — Mlle Mars. — *Les Enfants d'Édouard. Antony* et Mme Dorval. — *Chatterton.*

Une révolution s'était accomplie dans la maison de Molière après 1830. Le comité d'administration avait abdiqué, le théâtre venait de nommer son premier directeur. J'eus l'honneur d'accepter ce titre et les devoirs qu'il imposait.

La subvention avait été portée à deux cent mille francs et quatre-vingt mille francs avaient été mis à la disposition de la Comédie pour des réparations et des embellissements à faire à la salle. Un jeune architecte, peintre et décorateur, d'un talent distingué, Chenavard, avait été choisi par le ministre pour cette restauration. Des esquisses délicieuses avaient été fournies par lui et approuvées par M. Thiers. C'était le lundi suivant qu'il devait se mettre à l'œuvre, lorsque la veille, le dimanche matin, je trouve, à mon arrivée au théâtre, la salle entièrement démolie. J'entre, fort surpris, et la première personne que je rencontre est M. Fontaine, qui, prévenu secrètement des intentions du ministre, était arrivé en toute hâte du château d'Eu où il était occupé depuis plus d'un mois. Furieux que l'on osât empiéter sur ses droits d'architecte du Roi, il avait réuni ses ouvriers, et sans rien dire à personne, avait jeté bas loges, banquettes, galeries, corridors.

— Eh bien! me dit-il en m'abordant, je vous ai souvent entendu vous plaindre de ces grosses colonnes qui masquaient la vue du public, vous en serez débarrassé. Vous aurez des loges spacieuses, des galeries où les spectateurs seront à l'aise, et, quant à la décoration, un beau papier rouge que j'ai choisi moi-même, et qui fera ressortir le teint et les toilettes des dames. Dans quinze jours, tout sera prêt; vous savez que je vais vite en besogne.

Et il disparut en grimpant, à soixante-dix ans, sur les poutres du cintre, où je me suis bien gardé de le suivre. Je courus aussitôt au ministère pour avoir le mot de cette énigme; M. Thiers en recevait la première nouvelle.

— Vous allez sans doute donner l'ordre de faire cesser les travaux? lui dis-je.

— Je m'en garderai bien, me répond le ministre; Fontaine est sur son terrain, il y est roi, et plus puissant que vous et moi. Et, croyez-moi, n'allez pas vous y briser.

— Mais Chenavard?

— Je le dédommagerai, c'est tout ce que je puis faire.

Chenavard fut désolé: M. Thiers lui paya ses esquisses et M. Fontaine resta maître du champ de bataille. Le Roi, à cette époque, se rendait souvent seul au Palais-Royal; il vint un matin visiter les travaux. J'étais au foyer avec M. Fontaine. Nous causions de la manière de chauffer cette grande pièce. L'architecte avait résolu d'y mettre deux petites cheminées, je soutenais qu'une seule serait plus appropriée au style de la salle et beaucoup plus commode pour les réunions d'acteurs, lorsqu'arrive Louis-Philippe. Frappé de la justesse de ma demande, il m'appuie fortement, et du bout de son parapluie, il me trace lui-même sur le parquet l'emplacement d'une cheminée monumentale.

— C'est là ce que vous désirez? me dit le Roi.

— Cela même, Sire.

— Fontaine, ajouta-t-il, ne peut pas se refuser à une aussi juste réclamation et d'ailleurs j'en fais mon affaire maintenant ; ainsi vous pouvez être tranquille. Je me retirai enchanté et tout fier de l'avoir emporté sur l'architecte du Roi... Le lendemain, on voyait encore sur le parquet le tracé de Louis-Philippe, mais les cheminées de M. Fontaine s'élevaient des deux côtés.

Il fallut en passer par là. Je me disposai à ouvrir le théâtre. On comptait à cette époque beaucoup d'acteurs qui pouvaient soutenir dignement l'honneur de notre vieille Comédie : Joanny, d'une intelligence élevée que ne déparait pas une certaine brusquerie, profond et chevaleresque dans *Henri III*, dans *Hernani*, dans *le Roi s'amuse*, admirable dans le rôle d'Auguste dans *Cinna* ; Monrose, ce comédien si mordant, si souple, si magnétique, le successeur de Préville et de Dugazon ; Firmin, qui avait ce parfum d'élégance, cette impertinence de qualité des gentilshommes d'autrefois ; Grandville, qui conservait toutes les traditions dans l'emploi des financiers et des manteaux ; Perrier, acteur original, bien placé dans la haute comédie de genre ; David, élève chaleureux de Talma ; Menjaud, acteur gracieux et distingué, doué d'un organe charmant, d'une diction pure ; Samson, comédien habile, fin et spirituel ; Ligier, qui unissait à une physionomie expressive un organe merveilleux et une énergie pénétrante ; Beauvallet, excellent dans les paysans et dans les niais ; Provost, joignant à du naturel, à de la bonhomie, une connaissance parfaite du théâtre ; le vieux Duparrai, que l'on aurait pris pour un personnage de Molière, et deux jeunes acteurs d'avenir, Geffroy et Régnier, intelligents, soigneux, consciencieux.

Parmi les femmes : Mlle Leverd, aussi grande dame dans Célimène que bourgeoise ambitieuse, vive et franche dans Madame Palin et dans Madame Evrard ; Mlle Rose Dupuis, belle, modeste et d'un grand sens ; Mlle Dupont, gaie, franche, alerte, excellente servante de Molière ; Mme Desmousseaux, l'une des meilleures duègnes qui aient brillé sur la scène ; Mlle Manto, aussi distinguée dans son jeu que dans sa personne ; Mlle Anaïs Aubert, talent charmant, actrice fine, spirituelle, espiègle et naïve à la fois ; Mme Menjaud, élève de Mlle Mars, douée d'une intelligence et d'une sensibilité exquises. Un jour, jouant le rôle d'Angélique, dans *le Malade imaginaire*, elle pleurait si naturellement la mort du bonhomme Argan, qui trépassait sur son fauteuil, que Grandville, qui jouait ce rôle, ne put s'empêcher de ressusciter avant le temps, pour dire tout haut à cette excellente Angélique : « Bravo, ma fille ! voilà de la bonne comédie ! »

Et maintenant, terminons en rappelant une des plus grandes comédiennes qui aient paru sur notre théâtre, Mlle Mars, qui semblait vouloir éterniser sur la scène le talent et la beauté. Née à Versailles, on lira le canon le jour de sa naissance, et l'Almanach royal, qui disait chaque année l'âge de la Dauphine, disait aussi celui de Mlle Mars. Elle était fille de Monvel (1), ce grand comédien qui put remplacer à la fois Lekain et Molé, qui fut membre de l'Institut et anobli par le roi de Suède. On raconte de sa mère, actrice assez médiocre, mais remarquablement belle, qu'un jour, dans la grande galerie du château de Versailles, où elle était allée voir passer le Roi, le pied lui avait tourné au moment où Louis XV entrait. La douleur fut si vive, qu'elle ne put s'empêcher de jeter un cri. Le Roi, tout ému de voir une aussi belle personne, s'approcha d'elle et la soutint. « Une femme qu'on soutient est une femme qui tombe, » lui dit Louis XV à l'oreille. Et, depuis ce jour-là, elle ne fut plus obligée, dit-on, d'aller dans la grande galerie pour voir passer le Roi.

Héritière de la grâce de sa mère et du talent de son père, Hippolyte Mars, à dix ans, elle jouait à Versailles des petits rôles conformes à son âge. Deux ans plus tard, en 1791, elle quittait Versailles pour entrer au théâtre du Palais-Royal. Et, qui le croirait? cette femme si élégante, si distinguée, qu'on a dit d'elle qu'elle n'était pas née bourgeoise, a fait ses premiers pas au théâtre dans la famille des jocrisses. C'est dans le rôle du petit frère de *Jocrisse corrigé* qu'elle a joué pour la première fois à Paris.

En 1799, elle débuta à la Comédie-Française, qui était alors dans tout son éclat. Elle y obtint toutes les sympathies du public dans les rôles d'amoureuses et d'ingénues. Et cependant, si l'on s'en rapporte au portrait qu'elle a laissé d'elle dans ses *Confidences* à Mme Roger de Beauvoir, elle était loin d'être jolie. Voici ce portrait : « Cheveux châtains, teint olivâtre, bouche sans sourires, dents blanches, menton pointu, figure osseuse éclairée par deux grands yeux noirs sans expression, nez ni bien ni mal, bras longs et décharnés, mains rouges, corsage sans contour, jeté sur un jupon des

---

(1) Boutet, dit de Monvel.

moins arrondis (1). » Dugazon, qui l'aimait beaucoup, lui répétait souvent en regardant l'objet de son chagrin : « Va, va, sois tranquille, petite; c'est jeunesse, cela se passera. » Il avait raison; un beau matin, longtemps après, elle fut tout étonnée de se trouver une figure charmante, des bras ronds et des mains blanches. C'était le moment où elle eut le droit d'aspirer aux grandes coquettes. Elle les joua en même temps que Mlle Contat, la reine alors du Théâtre-Français, qui, deux ans plus tard, put abdiquer sans crainte; elle laissait après elle une Célimène capable de régner et de gouverner par la beauté et par toutes les séductions de l'art.

Mlle Mars ne se borna pas à Célimène, à Elmire, ces grandes créations de Molière. Elle leur donna pour compagnes ces femmes un peu précieuses, ces coquettes sentimentales que Marivaux a nommées Araminte et Sylvia, et dont elle fit des créatures accomplies. Et, quand vint le grand mouvement littéraire du temps, elle se montra aussi touchante, aussi passionnée, aussi pathétique dans le drame qu'elle était spirituelle, vive et parfaite dans la comédie; *Henri III*, *Hernani*, *Othello*, prouvèrent qu'elle savait aussi faire répandre des pleurs.

Tel était le personnel de la Comédie-Française, lorsque Casimir Delavigne, qui, dans *Louis XI*, avait déjà cherché à opérer une fusion entre les deux genres de la littérature moderne, apporta au théâtre une de ces imitations étrangères qui avaient envahi, depuis quelques années, le domaine des beaux-arts, un épisode de *Richard III* de Shakespeare, *les Enfants d'Édouard*.

Un matin, Louis-Philippe se promenait avec Casimir Delavigne dans la grande galerie du Louvre. La causerie était toute littéraire. L'auteur se plaignait de la rareté des sujets dramatiques nouveaux et intéressants. Le Roi soutenait que l'histoire serait toujours une mine féconde pour les écrivains, lorsqu'il s'arrêta tout à coup devant un tableau : « Vous cherchez des sujets intéressants, lui dit-il, regardez ! » Ce tableau était celui où Paul Delaroche avait représenté les enfants d'Édouard.

Et Louis-Philippe lui rappela la mort de ces deux jeunes princes, récit touchant que Shakespeare fait faire à Forrest, un de leurs assassins. « Ils se tenaient l'un l'autre, entourés de leurs bras inno-

---

(1) Ses bras longs et ses mains rouges la désolaient.

cents et blancs comme de l'albâtre; leurs lèvres semblaient quatre roses vermeilles sur une seule tige, qui, dans tout l'éclat de leur beauté, se baisaient l'une l'autre. Un livre de prières était posé sur leur chevet. Cette vue, dit Forrest, a pendant un moment presque changé mon âme. Mais, ô le démon!..... nous avons étouffé le plus parfait, le plus charmant ouvrage que la nature ait jamais formé depuis la création! »

Huit jours après, des vers, des scènes occupaient la mémoire prodigieuse de l'auteur. Casimir Delavigne n'écrivait pas : ce travail mécanique le fatiguait; il en était résulté chez lui un travail de mémoire devenu plus tard une faculté inouïe. Lorsqu'il composait, les vers, les scènes, les actes se rangeaient dans sa tête comme sur le papier, et ce n'était qu'au moment de livrer la pièce aux comédiens que l'auteur la faisait écrire sous sa dictée. On ne cite qu'un auteur dramatique doué d'une pareille mémoire : Crébillon, qui récita aux comédiens sa tragédie de *Catilina* dont il n'avait pas écrit un seul mot.

Cependant Casimir travaillait avec lenteur et difficulté. Plus d'une année s'était passée depuis sa promenade avec le Roi, lorsque Louis-Philippe lui demanda s'il s'était occupé du sujet qu'il lui avait indiqué. La pièce était faite, les rôles distribués, et les répétitions avaient lieu aux Menus-Plaisirs. C'est là que se répétaient autrefois les pièces qui devaient être jouées à la Cour. L'ancien hôtel des Menus, où se trouve aujourd'hui le Conservatoire de musique, renfermait des bâtiments qui contenaient des magasins de machines, de décorations, et un théâtre qui subsiste toujours. C'est sur ce théâtre que fut entendu pour la première fois la partition du *Devin du Village*, de J.-J. Rousseau, ouvrage représenté à Fontainebleau, le 18 octobre 1752, devant Louis XV et Mᵐᵉ de Pompadour. Louis XV en avait été si charmé, que ce prince, qui avait la voix la plus fausse de son royaume, ne cessait de chanter :

J'ai perdu mon serviteur...

Mais ce n'était point pour être représentés à Fontainebleau que *les Enfants d'Édouard* se répétaient aux Menus-Plaisirs. On était à la fin de 1832, et on ne songeait guère encore à jouer à la Cour. — Le Théâtre-Français était en réparation.

Les répétitions avaient lieu à huis clos. Les artistes qui jouaient dans la pièce y étaient seuls admis ; c'étaient Joanny, Ligier, Menjaud, Mmes Mars, Menjaud, Anaïs. Un jour, cependant, deux personnes se glissèrent dans une petite loge grillée, d'où elles écoutèrent la pièce. Et, la répétition terminée, elles se retirèrent tout aussi discrètement qu'elles étaient venues. On ne s'aperçut pas de leur présence. Ces deux auditeurs mystérieux étaient Louis-Philippe et le général Athalin. Quelque secrètes qu'eussent été les répétitions, on avait fait perfidement entrevoir au Roi des allusions dangereuses qu'il avait voulu juger par lui-même sans en inquiéter Casimir Delavigne.

Enfin, le 11 février 1833, les affiches de la Comédie annoncèrent la première représentation des *Enfants d'Édouard*. Ce jour, par suite d'un rapport secret adressé au ministre, et qui faisait craindre que la pièce ne donnât lieu à quelque trouble, un ordre intervint pour la suspendre. Casimir se rend aussitôt à Neuilly, pour supplier le Roi de lever l'interdit. Après avoir entendu sa demande, Louis-Philippe lui répond : « Mon cher Casimir, ce que vous désirez n'est pas en mon pouvoir ; je suis roi constitutionnel, mes ministres sont responsables, je ne puis, dans cette circonstance, donner un ordre, mais je puis exprimer un vœu : allez trouver Thiers de ma part, et dites-lui que je serais heureux s'il pouvait vous rendre votre ouvrage, à la représentation duquel je ne vois pas d'inconvénient. »

M. Thiers hésite, l'ordre de suspension avait été décidé en conseil des ministres ; cependant il cède, l'interdit est levé.

Les acteurs attendaient au foyer de la Comédie. Les abords du théâtre et la rue Richelieu étaient encombrés. La foule demandait à grands cris l'ouverture des bureaux ; l'heure était déjà passée, lorsque Casimir apporta l'ordre de jouer. Les acteurs coururent à leurs loges, les employés à leurs postes ; en un instant, la salle est envahie.

Dans ce moment seulement, on s'aperçoit de l'absence de Mlle Mars. Prévenue le matin, on ne sut par qui, de la suppression de la pièce, Mlle Mars était restée fort tranquille chez elle, et allait se mettre à table, lorsqu'on vint la chercher. Autre embarras : pas de costume ; elle avait remis au lendemain sa couturière qui était venue lui essayer ses robes. Que faire ? les cris des spectateurs impatients dans la salle retentissaient jusque dans sa loge. Pendant que l'on court chez la couturière, elle s'arrange tant bien que mal un premier costume, et, sans avoir même le temps de prendre un bouillon, elle entre en scène. Elle disait le premier mot de la pièce.

Les coulisses offraient un aspect tout particulier : ministres, députés, préfet de police, préfet de la Seine, qui, le matin, avaient disposé de leurs loges, croyant à un changement de spectacle, s'étaient réfugiés sur le théâtre. C'était curieux à voir : un ministre tenait un verre d'eau tout prêt pour Elisabeth, un député offrait des bonbons au duc d'York, le préfet de police causait familièrement avec l'assassin James Tyrrel, tandis que M. Thiers, placé dans un coin du manteau d'Arlequin, avait l'oreille au guet, écoutant avec anxiété tous les passages signalés. Il n'y eut pas prétexte au plus léger désordre. Le succès fut grand et complet.

Cette même année fut représentée cette comédie si amusante de Scribe, *Bertrand et Raton*. C'est à Montalais que Scribe lut sa pièce aux comédiens. Il avait acheté depuis peu cette magnifique résidence, située sur les bords de la Seine, près de Saint-Cloud, et célèbre par les réunions qui s'y faisaient, sous la Restauration, des hommes les plus distingués du parti libéral. Benjamin Constant, Manuel, Odilon Barrot, Mérilhou en étaient les hôtes habituels. Scribe voulut y consacrer le souvenir d'un ouvrage qui devait réunir toutes les opinions. *Bertrand et Raton*, en effet, est peut-être la seule comédie politique qui ait obtenu l'assentiment de tous les journaux du temps. Une fête délicieuse avait été préparée sous les frais ombrages du parc. Tout s'y trouvait : promenades, jeux, courses, danses champêtres, et une réception charmante. Car si Scribe est l'auteur du jour qui possède le mieux le don de plaire et d'attirer la foule au théâtre, c'est aussi l'homme du monde qui sait recevoir chez lui avec la grâce la plus bienveillante et la plus hospitalière.

Un an plus tard, en 1834, le ministre causait un matin, dans son cabinet, avec Alexandre Dumas. C'était encore le temps des luttes classiques et romantiques, mots que l'on ose à peine prononcer aujourd'hui, et qui cependant faisaient tant de bruit à l'époque.

Tandis que les auteurs stationnaires s'exténuaient, à l'Académie et dans nos Chambres législatives, à soutenir, à défendre la vieille Melpomène, les auditeurs de la nouvelle école plantaient hardiment leur drapeau sur le théâtre. Mais le personnel de la Comédie-Française les gênait : ces acteurs élégants, corrects, posés, leur paraissaient méthodiques et froids. Il leur fallait, pour donner du relief à leurs œuvres, des artistes ardents, impétueux comme eux.

Une femme qui avait joué un grand rôle parmi les héroïnes malheureuses, innocentes et persécutées du boulevard, une femme pâle, fiévreuse, passionnée, Marie Dorval, était alors la lionne du romantisme. C'était d'elle précisément dont le ministre et Dumas s'entretenaient lorsque le secrétaire de M. Thiers me fit entrer.

— Nous parlions de la Comédie-Française, me dit le ministre; Dumas est tout disposé à travailler pour votre théâtre, il vous donnera cette année deux pièces nouvelles... Mais il faut que vous engagiez Mme Dorval.

— Vous savez que la Comédie s'y oppose?

— Vous passerez outre.

— Vous n'ignorez pas les difficultés qui surgiront dans cet engagement; il faudra jouer *Antony*, c'est une des conditions de Mme Dorval.

— Vous jouerez *Antony*.

— Que Monsieur le Ministre m'en donne l'ordre; Mme Dorval sera engagée, et *Antony* mis à l'étude.

— L'ordre, je vous le donne.

Le lendemain, Mme Dorval était engagée, et l'on commençait les répétitions d'*Antony*; six semaines après, l'affiche annonçait la première représentation du drame d'Alexandre Dumas et les débuts de Marie Dorval. Il était dix heures du matin lorsque je reçus l'invitation de me rendre aussitôt au ministère de l'Intérieur. A mon arrivée, je rencontrai plusieurs députés sortant du cabinet du ministre.

C'étaient les champions de la littérature classique, les anciens signataires de cette fameuse requête au Roi contre les romantiques, auxquels ~~Louis XVIII~~ avait répondu : « Messieurs, quand il s'agit du théâtre, je n'ai, comme tout le monde, que ma place au parterre. » Ces messieurs avaient oublié cette sage réponse du vieux roi, car le même sujet les ramenait vers le ministre, mais cette fois avec autorité. L'air de triomphe qu'ils montrèrent en passant près de moi me mit tout de suite au fait de leur démarche, et je ne fus point surpris de l'interrogation un peu vive du ministre à mon entrée dans son cabinet.

— Qui vous a permis de jouer *Antony?*
— Mais vous, Monsieur le Ministre.
— Impossible!
— Votre mémoire vous sert mal; c'est en présence de Dumas et de votre secrétaire que vous m'en avez donné l'ordre.

Et ce dernier, entrant en ce moment, rappela au ministre l'ordre que j'en avais reçu.

— Soit, reprend M. Thiers; si j'ai donné l'ordre, je le retire, vous ne jouerez pas *Antony.*
— C'est une clause de l'engagement de Mme Dorval.
— Vous arrangerez cela.
— Dumas ne voudra pas abandonner ses droits.
— Vous lui jouerez autre chose.
— Il ne s'en contentera pas; il fera un procès à la Comédie.
— Vous le soutiendrez.
— Et nous perdrons.
— Je paierai.
— Je n'ai plus rien à dire.
— Vous ne m'avez pas moins mis dans le plus grand embarras, ajouta le ministre. Etienne, Fulchiron sortent d'ici. Ils sont furieux, ils attaqueront mon budget, ils vous attaqueront vous-même... N'importe, je vous défendrai, comptez sur moi.

Le ministre tint parole. Vivement attaqué peu de jours après, à la Chambre, lors de la discussion du budget des théâtres royaux, il eut à la fois à défendre le budget, la Comédie et son directeur... Il l'emporta, la subvention fut votée. Mais *Antony* ne fut pas joué. Dumas fit un procès, le gagna, et le ministre paya.

Les débuts de Mme Dorval se trouvèrent ainsi retardés. Plusieurs mois se passèrent; la Comédie commençait à murmurer; on concevait peu que Mme Dorval ne débutât pas dans un rôle du répertoire comme tout le monde. Je m'étais engagé à la faire débuter dans une pièce nouvelle, et j'étais fort embarrassé. Trois auteurs seulement avaient consenti à travailler pour elle : Victor Hugo, qui m'avait promis *Angelo,* dont le premier mot n'était pas écrit; Dumas qui plaidait et Frédéric Soulié qui boudait... lorsqu'un matin, M. Alfred de Vigny me propose une pièce en trois actes et un rôle pour Mme Dorval.

Le Comité de lecture est aussitôt réuni, la pièce est lue, et... refusée à l'unanimité. — C'était *Chatterton*.

Faire connaître ce refus à M. de Vigny était pénible. Faire revenir les comédiens sur leur décision était impossible ; et je tenais cependant à jouer l'ouvrage. Il n'y avait qu'un moyen, c'était de faire intervenir le ministre. Mais, depuis *Antony*, M. Thiers se souciait peu de ces histoires de coulisses. Le hasard me fit rencontrer M. le duc d'Orléans, le soir même, au théâtre, comme il sortait de sa loge.

Le prince aimait la Comédie-Française. L'engagement de Mme Dorval avait fait assez de bruit pour qu'il s'informât de ses débuts ; je lui expliquai mon embarras, par le refus d'un ouvrage dont je lui fis le plus grand éloge ; il voulut le lire, et le lendemain, il me faisait dire
« que la lecture de *Chatterton* l'avait tellement intéressé, qu'il en
« avait parlé à la Reine, et que, comme elle était curieuse elle-même
« de connaître l'ouvrage, il lui en avait fait remettre le manuscrit,
« ajoutant gracieusement qu'il le lui avait fait remettre de ma part ».

En effet, dans la soirée, je reçus la lettre suivante :

« Monsieur, la Reine partait pour Neuilly lorsque je lui ai apporté le manuscrit de *Chatterton*. Sa Majesté a désiré l'emporter pour le lire en voiture ; la promenade du Roi s'étant prolongée, je n'ai pu vous renvoyer la pièce aussitôt que je l'aurais voulu.

« Sa Majesté me charge de vous remercier tout particulièrement de votre obligeance, à laquelle Sa Majesté a bien voulu dire qu'elle était habituée.

« Agréez, etc. « CUVILLIER-FLEURY. »

Desmousseaux et Perrier, tous les deux membres du Comité, étaient dans mon cabinet lorsque je reçus cette lettre. Après la leur avoir communiquée, je leur exprimai le désir de jouer la pièce.

— Les comédiens ne peuvent pas revenir sur leur vote, me dit Desmousseaux ; M. de Vigny ne se prêtera pas à une nouvelle lecture, ajouta-t-il ; ainsi donc, passez outre, le succès vous absoudra.

Un mois après, *Chatterton* avait gagné sa cause, et Mme Dorval avait débuté.

Chatterton fut la première création importante de Geffroy ; elle fit entrevoir le talent de ce jeune artiste, devenu l'un des plus remarquables de la Comédie-Française. Mme Dorval fut vraie, gracieuse, touchante dans Kitty-Bell, l'une des plus charmantes créations du théâtre moderne.

La Comédie-Française avait retrouvé ses belles soirées avec les *Enfants d'Edouard* et *Chatterton*. Le succès avait réagi jusque sur le répertoire, si longtemps décrié, et qu'on avait oublié, disait-on, à force de le savoir. Il n'y avait plus de mauvais jours. Molière avait repris son empire. Un petit acte, la *Critique de l'Ecole des Femmes*, suffisait pour remplir la salle et soulever les applaudissements.

Peu de jours après la représentation de la *Critique*, je reçus la visite d'un homme d'esprit et de savoir, M. Violet-Leduc; il m'apportait les prémices d'une découverte toute récente qu'il venait de faire de deux des premières productions de Molière, deux de ces canevas dramatiques qui faisaient tant rire la Cour de Louis XIV.

On sait que Molière, avant *l'Etourdi*, sa première comédie régulière, composa plusieurs pièces que la troupe qu'il dirigeait joua en province. On en cite cinq : *le Docteur amoureux*, *le Maître d'école*, *les Trois Docteurs rivaux*, *la Jalousie du Barbouillé* et *le Médecin volant*.

Le Docteur amoureux, qu'il joua devant Louis XIV, lui valut les bonnes grâces du Roi et la permission de s'établir à Paris, sur le théâtre du Petit-Bourbon. Deux de ces canevas ont été conservés par J.-B. Rousseau, qui en possédait les manuscrits : *la Jalousie du Barbouillé* et *le Médecin volant*.

C'étaient ces deux canevas que m'apportait M. Violet-Leduc. Je me fis un devoir de mettre à la scène ces deux petites pièces que Molière n'avait pas jugées trop au-dessous de lui en les jouant sur son théâtre en même temps que *le Misanthrope*. Monrose et Samson en furent les interprètes.

C'est à propos du *Médecin volant* que le sieur de Somaïze dit dans la préface des *Véritables Précieuses*, en parlant de Molière, qu'il appelle Mascarille : « Il a imité, par une singerie dont il est seul capable, *le Médecin volant* et plusieurs autres pièces jouées par les Italiens, et il y a beaucoup ajouté par son jeu, qui a plu à assez de gens pour lui donner la vanité de se croire le premier farceur de France. »

N'est-ce pas grotesque ? et Molière n'avait-il pas le droit de traiter avec un profond mépris les Bavius et les Mœvius de son temps ?

II

Bressant. — Plessy. — Rachel, ses débuts et ses créations. — *Angelo* et Mlle Mars.

Bien des gens avaient dit : la Comédie est morte, et la Comédie venait de ressusciter. On se mit alors à attaquer les acteurs, et ne pouvant leur refuser leur talent, on les critiqua sur leur âge. « La Comédie-Française se fait vieille, répétait-on : une administration nouvelle a besoin d'acteurs nouveaux. »

J'avais remarqué, dans une pièce que l'on donnait aux Variétés, un humble artiste, un tout jeune homme, à l'air doux, modeste, à la taille fine, aristocratique, mis avec goût, leste comme Chérubin et possédant une voix qui aurait valu cinquante mille francs par saison si le hasard l'eût fait trouver sur la route d'un impresario. C'était Bressant. J'avais été charmé de sa tenue, de son élégance, de ses belles manières sous le costume coquet de Louis XV. Il fut engagé. Il lui fallait rompre avec les Variétés, puis faire un an d'études sérieuses pour être en état de débuter. Dans cet intervalle, des propositions de la Russie le séduisirent ; il partit.

Vers le même temps, une jeune enfant, jolie, fraîche, charmante, avec un peu d'afféterie, à la voix douce et tendre, à la taille svelte, élancée, Mlle Plessy, était citée dans le quartier Saint-Martin comme une merveille.

Elle jouait tous les dimanches sur un petit théâtre de la rue de Lancry, dirigé par un sociétaire de la Comédie-Française, Saint-Aulaire. J'allai la voir un jour où l'on donnait une représentation d'un drame larmoyant de Laharpe, *Mélanie*, cette pièce au sujet de laquelle Voltaire avait écrit à l'auteur : « L'Europe attend votre *Mélanie*. » Je trouvai, sous la guimpe d'une novice, une délicieuse jeune personne, disant juste, écoutant avec soin, et douée d'une intelligence que des voix intérieures seules avaient pu lui révéler. Je revins la voir plusieurs fois, je suivais ses progrès avec intérêt, reg-ettant qu'elle persistât dans un genre de rôles peu d'accord avec sa nature.

Mᵐᵉ Plessy avait alors une prédilection marquée pour le drame. Craignant de la laisser plus longtemps livrée à elle-même, j'obtins pour elle un encouragement du ministère, et je lui fis quitter la rue de Lancry.

Samson dirigea la jeune fille, Mᵐᵉ Mars lui donna des conseils, Scribe lui fit un rôle dans une pièce nouvelle, *la Passion secrète*, comédie en deux actes, où jouaient Mᵐᵉ Mars et l'élite de la Comédie; et, peu de mois après, Mᵐᵉ Plessy était pensionnaire du Théâtre-Français. Reçue sociétaire plus tard, elle aussi fut séduite par la Russie.

Aujourd'hui, les deux fugitifs sont revenus sur la scène qu'ils avaient quittée. Déjà l'humble artiste des Variétés a marqué sa place dans les premiers rôles, et la jeune fille de la rue de Lancry a pris rang parmi les grandes coquettes de la Comédie.

Puisque nous sommes venus à la rue de Lancry, nous ne la quitterons pas sans parler de l'école dramatique que Saint-Aulaire y avait établie, et où il faisait des élèves pour la tragédie et la comédie. C'était dans cette petite salle où avait joué Mᵐᵉ Plessy que le professeur donnait ses leçons, si l'on peut appeler leçons les évolutions qu'il se bornait à faire faire à ses élèves sur le théâtre. Sa méthode était singulière : douze ou quinze enfants des deux sexes, réunis au foyer, attendaient que le professeur indiquât les ouvrages qui devaient être représentés le dimanche suivant. Les dimanches étaient consacrés aux exercices publics. Les ouvrages désignés, tragédie, drame ou comédie, les rôles étaient tirés au sort, chaque élève devant tour à tour vagabonder dans tous les emplois : jeunes premiers ou jeunes premières, pères nobles ou duègnes, princes ou princesses, valets ou soubrettes, de manière que chaque élève pût s'exercer à la représentation des rôles de femmes et d'hommes indistinctement. Cette idée bouffonne fit qu'un jour, Agamemnon échut à une ingénue de douze ans, tandis qu'Iphigénie devait être représentée par un grand blondin qui, deux ans après, débutait dans les niais au théâtre de la Gaîté. La pièce ainsi travestie fut représentée aux applaudissements de tous les parents et amis du voisinage. Quant au professeur, jamais d'avis qui pût suppléer à ce que l'instruction première avait oublié, jamais de conseil, pas un mot enfin qui indiquât aux élèves ce qu'ils avaient à faire. Seulement, à la suite de ce tohu-bohu de rôles, le professeur cherchait à distinguer l'emploi qui pouvait le mieux convenir à l'élève, et il le lui faisait prendre. De ce moment, l'écolier marchait hardiment, mais à la clarté seule de son étoile.

C'est cependant de cette école qu'est sortie celle qui devait un jour régénérer la tragédie. Saint-Aulaire entre un matin dans mon cabinet et me parle avec feu d'une pauvre jeune fille juive, qu'il me présente comme l'espoir d'un brillant avenir pour la tragédie, comme pouvant à elle seule rappeler de l'exil les chefs-d'œuvre de la scène. Choron, le fondateur de l'institution royale de musique religieuse, avait un jour, par hasard, rencontré sur sa route la petite bohémienne; il l'avait admise à sa classe; mais, s'étant aperçu qu'elle était plus propre à la déclamation qu'au chant, il l'avait lui-même conduite et recommandée à Saint-Aulaire. C'était Rachel, pour laquelle le professeur me demandait une audition que j'accordai sur-le-champ. Cette audition eut lieu en petit comité. Mlle Mars, Samson, Desmousseaux en faisaient seuls partie. Saint-Aulaire donnait la réplique à la débutante, fort petite alors; elle avait fait choix d'Hermione d'*Andromaque* et de Marinette du *Dépit amoureux*.

Elle commença par Marinette, où elle ne fut que médiocre; mais à peine eût-elle achevé, dans *Andromaque*, le couplet d'ironie, les adieux à Oreste, que nous poussâmes des exclamations de surprise. Depuis longtemps on n'avait entendu déclamer les vers avec une netteté plus grande, un talent de diction plus admirable, et cependant Rachel ignorait jusqu'aux éléments de la langue; mais, douée d'une excellente voix, elle avait un organe dont le pouvoir était indicible. L'audition terminée, Mlle Mars embrassa la jeune fille, tout émue du succès qu'elle venait d'obtenir, et lui témoigna un vif intérêt. Sur l'observation qu'elle était bien petite pour l'emploi des premiers rôles et des reines, auquel elle se destinait, Mlle Mars lui rappela que Mlle Maillard, la grande tragédienne, était plus petite encore.

— Et d'ailleurs, ajouta-t-elle, Rachel grandira.

M. Thiers, que l'on était toujours sûr de trouver favorable aux artistes, accorda un encouragement de douze cents francs à la débutante; Samson se chargea de faire son éducation et de préparer ses débuts dans la tragédie seulement. Cette exclusion de la comédie, qu'elle affectionnait, lui fut sensible ; elle s'était toujours cru une vocation pour les comiques, et Saint-Aulaire, après son départ, nous raconta les luttes qu'il avait eues à soutenir pour lui faire apprendre Hermione, Eryphile, Camille, de préférence à Lisette, à Dorine, à Marinette. « Un jour, nous disait-il, rencontrant un directeur, elle le priait de venir la voir :

— Que jouerez-vous, mon enfant? lui demanda-t-il.

— La soubrette du *Philosophe marié*.

— Sera-ce tout?

— Non, je commencerai par le rôle d'Hermione, mais je n'y suis pas bonne; venez seulement pour l'autre pièce. »

Ce ne fut que deux ans après qu'elle débuta au Théâtre-Français, où dès le premier jour elle marqua sa place comme la première tragédienne de son temps.

Mlle Rachel a joué en tout dix-huit rôles de l'ancien répertoire dans les tragédies suivantes : *Horace, Andromaque, Cinna, Mithridate, Esther, Tancrède, Bajazet, Nicomède, Ariane, Iphigénie en Aulide, le Cid, Oreste, Don Sanche d'Aragon, Bérénice, Polyeucte, Phèdre, Britannicus, Athalie.*

Elle est la dix-huitième des grandes artistes qui se sont illustrées dans l'emploi des reines de la tragédie depuis Corneille et dont voici les noms : la Beauchâteau, Mlle des Œillets, Mme Duparc, la Champmeslé, Mme Raisin, Mlle Desmares, Mlle Duclos, Mlle Lecouvreur, Mlle Beaubourg, Mlle Dumesnil, Mlle Clairon, Mme Vestris, Mlle Sainval l'aînée, Mlle Raucourt, Mlle Maillard, Mlle Duchesnoy, Mlle Georges.

Mais quelle affluence rue Richelieu, aujourd'hui 7 mai 1835! Que de gens du monde, que de femmes charmantes descendent de leurs brillants équipages! Où vont ces écoliers, ces artistes, toute cette jeunesse vigoureuse et barbue, cette armée fière et arrogante qui arrive par troupes des écoles, des ateliers, des conservatoires? Pourquoi tous ces bourgeois aux fenêtres regardant avec curiosité cette foule tumultueuse, ardente, impatiente? Quel chef-d'œuvre va-t-on donc jouer au Théâtre-Français? C'est *Angelo!* une pièce du chef de l'école moderne, un drame où l'auteur a mis en présence deux graves et douloureuses figures, la femme de la société et la femme hors de la société, représentées par deux grandes actrices qui, pour la première fois, vont se trouver ensemble sur la scène : Mlle Mars et Mme Dorval. Tout Paris savait que la première représentation d'un ouvrage de Victor Hugo était une bataille, et tout Paris voulait y assister.

Le drame d'*Angelo* était primitivement en cinq actes; Mlle Mars seule ne partageait pas l'enthousiasme général; elle avait remarqué que l'intérêt s'arrêtait à la fin du troisième acte et ne reprenait qu'au cinquième; c'est qu'en effet il y avait un acte de trop. Victor Hugo m'en parla, et je n'eus pas de peine à lui démontrer que, pour arriver à faire cinq actes, il lui avait fallu introduire une nouvelle action et de nouveaux personnages; que ces personnages n'avaient été nullement préparés dans les premiers actes, qu'ils occupaient accidentellement le quatrième et nuisaient à l'intérêt général; que le public, qui jusque-là aurait été vivement ému, serait détourné de son attention par des scènes entièrement étrangères à l'action principale, et qu'en retranchant ce quatrième acte, quelque spirituel qu'il fût, — c'était un acte comique, — il lui restait alors un drame original, énergique, saisissant..... Il fut surpris, et me demanda vingt-quatre heures pour réfléchir..... Le lendemain, il rapportait la pièce en quatre actes telle qu'elle a été jouée.

Les répétitions furent laborieuses. L'auteur avait écrit les deux rôles de femme, la Tisbé et la Catarina, pour deux talents de genres tout à fait opposés : Mlle Mars, si pure, si spirituelle, si profonde par éclairs; et Mme Dorval, si pénétrante, si poignante, si désordonnée parfois; il était donc impossible, malgré toute son habileté, qu'il ne fût pas arrêté à chaque instant. Jamais il n'avait tant effacé, jamais il n'avait tant récrit. « Je ferai, me dit-il un jour, une autre pièce avec les rognures d'*Angelo*. » Et, chose curieuse! c'est que *Ruy Blas* hérita d'une partie de ces rognures.

L'enthousiasme fut grand aux représentations. *Angelo* était reçu chaque soir aux applaudissements d'une foule immense, éblouie par le choc étincelant des deux grandes actrices. Deux cent quarante mille francs de recettes constatèrent le succès des quatre-vingts premières représentations..... et cependant, quelques mois plus tard, Victor Hugo, repoussé, était obligé de réclamer devant les tribunaux, pour *Hernani, Marion Delorme, Angelo*, l'exécution de traités légalement et loyalement faits entre lui et le directeur du théâtre, dont les pouvoirs venaient de cesser. La Comédie eut le tort de plaider; elle perdit. Nous n'entrerons point dans les détails de cette affaire grave et sérieuse, que l'auteur a imprimée à la suite d'*Angelo*; mais elle nous rappelle un autre procès littéraire assez amusant.

Il s'agissait aussi d'une demande d'indemnité pour une pièce non représentée. Wanderburck, auteur d'une foule de jolis vaudevilles, entre autres *le Gamin de Paris*, avait fait une tragédie reçue au Théâtre-Français : *Jacques II ou la Chute des Stuarts*, et dont il réclamait inutilement la mise en scène.

Le théâtre ajournait sans cesse. J'avais plusieurs fois cherché à concilier les intérêts de l'auteur et des comédiens. Wanderburck s'était montré intraitable. Sa pièce était reçue, elle devait être jouée ; c'était son droit, il le fit valoir devant les tribunaux.

Le théâtre fut condamné à jouer la pièce dans un délai de six semaines, et, passé ce délai, il devait payer cent francs d'indemnité pour chaque jour de retard. Le conseil judiciaire décida qu'il y avait lieu de faire appel.

Six mois s'étaient écoulés sans qu'il fût question de *Jacques II*, lorsqu'un matin je reçois sommation et commandement de payer au sieur Wanderburck la somme de treize mille cinq cents francs, montant de l'indemnité pour cent trente-cinq jours de retard.

L'appel n'avait point été fait. Un oubli de l'agréé du théâtre avait causé cette erreur : le jugement était exécutoire. On introduisit un référé. Un article exhumé d'un vieux règlement de Louis XV servit de prétexte. La Comédie eut gain de cause, et, quelques jours plus tard, le Tribunal de première instance déboutait l'auteur de ses prétentions. Appel de Wanderburck.

La cause était au rôle, lorsqu'un soir Me Delangle, l'avocat du Théâtre-Français, me prévient qu'elle serait appelée le lendemain, et m'engagea à faire une visite à M. le premier président Séguier, uniquement pour le prier de retenir cette affaire qui attendait déjà depuis longtemps.

Je me rendis donc, le lendemain matin, avec Desmousseaux, sociétaire de la Comédie, chez M. le premier Président.

— Encore une affaire de théâtre! nous dit M. Séguier, d'assez mauvaise humeur; est-ce toujours Alexandre Dumas? (Peu de temps avant, la Comédie avait plaidé contre l'auteur d'*Antony*.)

— Non, Monsieur le Président, il s'agit d'un auteur nommé Wanderburck.

— Mais c'est un nom étranger, dit le président assez surpris.

— Oui, un auteur néerlandais.

— Et qui a fait?

— Une tragédie.

— En français?

— C'est là le procès.

— Je comprends, répond M. Séguier, dont l'humeur était passée, vous ne voulez pas jouer la pièce. Mais que diable aussi reçoit-on un auteur qui se nomme Wanderburck... et vous demandez?

— De retenir la cause qui sera appelée aujourd'hui même.

— Je la retiendrai, nous dit M. Séguier, en nous reconduisant jusque sur l'escalier; je la retiendrai, vous pouvez y compter : un auteur néerlandais, Wanderburck! Oh! je me le rappellerai.

La cause fut appelée le même jour. M. Teste, qui plaidait pour l'auteur, n'eut pas de peine à prouver que le jugement du tribunal de commerce était exécutoire, et il s'étonnait de se trouver devant la Cour pour une cause jugée en dernier ressort. M⁰ Delangle se borna à donner lecture du règlement de Louis XV qui avait motivé le jugement de première instance.

Le président, l'interrompant, demande si Wanderburck est à l'audience.

— Me voici, s'écrie l'auteur.

— C'est vous qui vous nommez Wanderburck?

— Oui, Monsieur le Président.

— C'est très bien, lui dit M. Séguier, avec un sourire où perçait un peu de malice, vous pouvez vous retirer..... la cause est entendue.

Et le jugement de première instance confirmé, Wanderburck est condamné aux dépens.

A quelque temps de là, l'ouvrage fut représenté; c'était le dernier de l'auteur, et cette fois, le public condamna définitivement *la Chute des Stuarts*.

Ce procès, intenté et soutenu par la Société des auteurs dramatiques, n'avait été que le prélude, le manifeste en quelque sorte d'une nouvelle croisade littéraire contre le Théâtre-Français. Les succès du

Roi s'amuse, de *Chatterton*, d'*Angelo*, des *Enfants d'Édouard* même, l'annonce d'un *Caligula*, d'Alexandre Dumas, l'engagement de Mme Dorval et celui de Bocage que l'on venait de faire, avaient ravivé les haines et les prétentions des vieux classiques.

La Comédie était sérieusement menacée d'*Absalon*, d'*Alexandre*, de *Cosroès*, de *Zénobie* et autres vieilleries du temps de l'Empire.

Un député fort influent à cette époque, M. Fulcheron, allait même jusqu'à parler de la mise en scène d'un *Pizarre*, tragédie de sa composition, reçue sous le Directoire. Jusque-là cependant l'orage n'avait fait que gronder, lorsqu'un matin la guerre éclata. Deux auteurs me firent connaître leurs exploits sur papier timbré.

Le premier était un académicien, homme de lettres, quoiqu'il regardât « cette partie de l'art qu'on appelle style, dit-il dans sa préface de *la Jeunesse d'Henri V*, comme une sorte d'erreur qui nuit plus dans les poèmes destinés au théâtre que les incorrections et certaines fautes de versification ». Alexandre Duval n'était pas moins un auteur comique qui avait souvent réussi avec le bonheur. *Édouard en Écosse*, le *Tyran domestique*, la *Fille d'honneur*, les *Héritiers*, la *Jeunesse d'Henri V* lui avaient donné des droits à la considération des comédiens; son âge et l'honorabilité de son caractère me faisaient en outre un devoir de le satisfaire. Il avait deux ouvrages reçus depuis longtemps, deux comédies, *Curika* et *le Testament*. Pas une actrice ne voulut se barbouiller la figure de noir pour jouer *Curika*, dont il ne fut plus question; restait *le Testament*. C'était un codicille en trois actes ajouté aux *Héritiers*. Et, quoique Molière, dans *le Malade imaginaire*, Regnard, dans *le Légataire universel*, Picard, dans *les Collatéraux*, eussent peint cet avide intérêt des héritiers, ces scènes qui mettent la joie à côté de la mort et montrent le cœur humain sous un jour odieux, l'auteur avait espéré être neuf encore après les autres.

M. Duval s'était trompé, et le public lui apprit rudement ce que j'avais inutilement cherché à lui faire comprendre.

Le second était un vieil auteur normand, Delrieu, bon homme cependant, mais rusé et vaniteux, quoique naïf à l'excès. C'était un de ces abbés coquets du XVIIIe siècle que la Révolution avait défroqué. Marié depuis, il avait embrassé la profession d'auteur. Il avait composé quelques petites pièces jouées au Vaudeville et à l'Opéra-Comique, lorsqu'il obtint une lecture à la Comédie-Française pour une tragédie en cinq actes, *Artaxerce*, pièce imitée de Métastase. Voici comme il raconta un jour cette lecture. — Son récit le fera mieux connaître que tout ce que je pourrais dire :

« C'était, me dit-il, la première fois que je lisais au Théâtre-Français. J'avais, selon l'usage, fait des visites à tous les comédiens membres du Comité, et à chacun, j'avais promis à l'avance un rôle dans ma pièce, Talma seul excepté, ne pouvant supposer qu'il voulût jouer dans l'ouvrage d'un débutant.

« La pièce lue, reçue, chaque comédien, après m'avoir serré la main comme pour me rappeler mes engagements, quitta la salle du Comité ; j'y restai seul avec Talma. Il était assis devant un grand feu et semblait livré à une profonde méditation, lorsque tout à coup il se lève, me frappe sur l'épaule et s'écrie :

« — Bravo ! Delrieu ! Voilà de la bonne tragédie ! C'est tout simplement un chef-d'œuvre. Et Artaban ! quel rôle, quelle étude, quelle composition !... Je jouerai Artaban ; ce sera ma plus belle création.

« A ces mots, je reste anéanti ; je m'étais engagé, Lafon avait ma parole, Lafon devait jouer Artaban.

« — Puisqu'il en est ainsi, me dit Talma, je jouerai Artaxerce.

« Autre embarras, Artaxerce avait été promis à Saint-Prix. A cette nouvelle réponse, la figure de Talma se rembrunit, sa voix altérée est comme suffoquée dans sa poitrine. Il se promenait à grands pas, une pensée sinistre semblait l'agiter, la sueur inondait son visage. Tout à coup, il s'élance vers la fenêtre ; je me précipite pour le retenir ; il me repousse ; déjà il a atteint l'espagnolette, quand, l'enlaçant dans mes bras, je crie au secours.

« — Grand Dieu ! arrêtez ! Talma, mon ami, qu'allez-vous faire ?

« — Ouvrir la fenêtre, répond tranquillement l'artiste, pour donner de l'air ici, il y fait une chaleur horrible. »

C'est ce même auteur qui, lors des représentations d'*Artaxerce*, se promenait avec sa femme, s'arrêtant partout où étaient placardées les affiches de théâtre, et quand assez de monde s'y trouvait réuni :

— Que donne-t-on ce soir à la Comédie-Française ? demandait M⁽ᵐᵉ⁾ Delrieu.

— *Artaxerce*.

— *Artaxerce* ?

— Oui, cette belle tragédie qui attire la foule au théâtre.

— Oh! mon ami, courons vite...

— Je crains bien que nous ne trouvions pas de place, disait Delrieu, en pressant le pas avec sa femme.

Et à chaque affiche, il répétait avec enthousiasme ce petit speech. Nonobstant, *Artaxerce* obtint un grand succès qui valut à l'auteur une pension de quatre mille francs et la croix de la Réunion.

Tel était mon adversaire. Il me poursuivait d'une *Léonide*, tragédie qui devait lui ouvrir les portes de l'Académie. Aussi, tous mes raisonnements échouèrent; le papier timbré continua à m'arriver. J'eus recours au ministre, et tout en lui racontant mes embarras, il me vint à l'idée de lui demander la croix d'honneur pour Delrieu, que je savais très désireux de la décoration.

— C'est un vieillard que vous rendrez bien heureux, dis-je à M. Thiers; et l'auteur d'*Artaxerce*, privé, sous la Restauration, de la décoration et de la pension qui lui avaient été données par l'Empereur, a quelques droits à cette faveur.

— Ce n'est que justice, me répond le ministre; je la lui rendrai.

De ce moment, je fus certain de voir cesser les hostilités et de me débarrasser de *Léonide*. Delrieu allait être mon obligé.

Quelques jours se passèrent sans que j'entendisse parler de Delrieu ou de son procès, lorsque j'appris qu'il s'était désisté de toutes poursuites, laissant à ma loyauté à juger le moment opportun pour jouer *Léonide*. Ce procédé dictait ma conduite, et je me disposais à lui faire connaître mes démarches et sa prochaine admission dans l'ordre de la Légion d'honneur, quand je reçus l'avis de sa nomination. Une heure après, il était dans mon cabinet.

— J'ai su, lui dis-je, que vous aviez renoncé à votre droit de faire jouer *Léonide*, et je vous en remercie. Mais, si vous avez cherché à m'être agréable, j'ai aussi une bonne nouvelle, qui, je l'espère, vous dédommagera de cet abandon : le Roi vous a nommé chevalier de la Légion d'honneur.

— Quoi! le Roi!...

— Lisez.

— Ah! mon ami, reprend-il aussitôt en me serrant la main, je n'ai qu'un moyen de me montrer digne de la faveur que le Roi vient de m'accorder; c'est un succès! et vous avez trop fait pour moi pour ne pas achever votre ouvrage, en annonçant pour demain les répétitions de *Léonide*.

Et il sortit sans me donner le temps de lui répondre... Je n'eus pas le courage de troubler la joie du vieillard, et le lendemain, Delrieu, en habit noir et ruban rouge à la boutonnière, lisait *Léonide* aux acteurs.

III

Le marquis de Ximénès et ses anecdotes. — Talma et Lekain. — Le Mariage de Figaro. — Louise Contat. — Joséphine.

On remarquait autrefois à l'orchestre de la Comédie-Française bon nombre de causeurs aimables, de conteurs ingénieux, dont l'esprit et les souvenirs charmaient les entr'actes. Peu à peu, le temps les a fait disparaître et, en 1830, il n'en restait plus qu'un seul, mais inébranlable à son poste. Vous auriez pu remarquer alors au second rang de l'orchestre, et toujours à la même place, un petit vieillard, coquettement mis, poudré à blanc, à la physionomie régulière, aux yeux pleins d'expression et de vivacité, ce qui lui donnait un air narquois qui s'harmonisait singulièrement avec son esprit caustique.

C'était le marquis de Ximénès, un de ces gentilshommes pailletés du xviiie siècle et bel esprit de cette époque. Le marquis ne manquait pas une représentation, ne voyait que la grande pièce et passait le reste de la soirée au foyer de la Comédie; ses talents de conteur, ses qualités d'homme aimable et de bonne compagnie, l'y faisaient vivement rechercher. Les comédiens qui venaient de jouer dans la soirée avaient besoin de sa petite grimace approbative et ne se fâchaient jamais d'une épigramme qu'il savait rendre presque polie. Quand une jeune actrice s'entendait dire par le vieux marquis : « Vous êtes adorablement mise, » elle était plus heureuse de cet éloge que du désespoir d'une rivale. Ses compliments, dont il était d'ailleurs avare, lui attiraient les bonnes grâces de tout le monde ; ses épigrammes ne blessaient personne. Un jour, un débutant, Colson, venait de jouer *Mahomet*. Enchanté des applaudissements qu'il avait reçus, il n'eut rien de plus pressé que de se rendre au foyer pour avoir l'opinion du marquis. « Pardieu ! mon cher, lui dit ce dernier, j'ai vu jouer Lekain dans ce rôle, et je puis t'assurer qu'il ne le jouait pas comme toi. »

Le marquis tutoyait tous les acteurs. Auteur, à vingt ans, d'un *Don*

Carlos, il avait vécu au milieu de cette vieille Comédie dont on parle tant et qu'on connaît si peu, il avait vu ces grandes figures du théâtre du xviii° siècle, ces artistes aussi distingués par leur talent que par leur savoir. Il en parlait souvent : « Lekain, disait-il, vivait au milieu de ses livres ; Brizard, grand amateur de peinture et peintre lui-même, faisait de charmants tableaux ; Molé, Monval, Grandménil, furent de l'Institut, et Mlle Dumesnil me reçut un jour dans son jardin, un Suétone à la main ; elle méditait sur Agrippine. »

Quelques relations de théâtre avaient établi entre le marquis et moi une sorte d'intimité. J'aimais à me trouver chaque soir à l'orchestre auprès de lui. Je profitais de ses observations toujours fines, judicieuses et nouvelles.

Un jour que Talma jouait *Oreste*, j'admirais cette figure expressive et mobile, cet œil brillant comme l'éclair quand gronde l'orage, ce geste noble, simple, naturel, cette voix douce et tendre, et éclatante au besoin, ces attitudes qui rappelaient les statues de l'antiquité.

— Oh ! m'écriai-je, Talma est le plus grand acteur qui ait jamais paru sur la scène.

— Si vous aviez connu Lekain, me dit le marquis, peut-être ne vous prononceriez-vous pas ainsi ; et cependant Lekain était petit et laid. Il avait de grands défauts, entre autres une voix désagréable, mais il savait la faire oublier à force d'âme et d'art ; et ce fut à ce point que Frédéric écrivant à Voltaire, vantait le bel organe de Lekain. Il était pathétique, entraînant, sublime, c'était un acteur véritablement tragique ; comme Talma, il avait compris que le hasard ne donne pas le génie et que pour arriver à la supériorité dans un art, il faut y penser toujours. Ce fut lui qui, le premier, opéra une réforme importante dans le costume ; il dépouilla les Grecs et les Romains de l'habit français et de la perruque Louis XIV. Mlle Clairon, à la même époque, osa paraître sans paniers sur la scène.

C'est en l'année 1756 qu'eurent lieu ces réformes, ainsi que la suppression des banquettes placées des deux côtés de la scène. Le théâtre fut enfin débarrassé de ces gentilshommes moqueurs qui y venaient la plupart pour y causer du scandale. Voici ce qui arriva un soir au marquis de Sablé. On donnait une représentation d'un opéra nouveau. Le marquis qui sortait d'un long repas, les jambes avinées, pénètre sur la scène au moment où l'on chantait : « Que les prés sont sablés. »

— Sablé! dit le marquis, on m'insulte. Il cherche l'auteur, le rencontre dans les coulisses et lui donne un soufflet. Les épées sont tirées; mais on entraîne le marquis et on le porte à sa voiture au milieu des rires et des brocards de la foule.

Plus tard, les marquis, expulsés des coulisses, se réfugièrent dans les salons et y portèrent le goût du théâtre. La manie de jouer la comédie se répandit dans la société. Toute femme à la mode voulut avoir la comédie à domicile. Ce goût avait même gagné la Cour. Marie-Antoinette, qui avait pris des leçons de déclamation de Dugazon, ouvrit à Trianon un théâtre où l'on représenta *le Roi et le Fermier*, de Sedaine; elle remplissait le rôle de Jenny, le comte d'Artois faisait le rôle d'un garde. *Le Mariage de Figaro* lui-même eut les honneurs du jeu royal.

— Vous étiez à Paris à cette époque, Monsieur le Marquis?

— Oui, j'assistais à la première représentation de cette singulière comédie, qui ne parvint à être jouée qu'après beaucoup de défenses et de traverses. Beaumarchais fit cinquante-neuf fois le voyage du Marais à la police sans pouvoir arracher l'autorisation de jouer sa *Folle Journée*. Les censeurs montrèrent dans cette affaire une résistance inouïe. L'un d'eux alla jusqu'à dire dans son rapport : « Qu'un ambassadeur ignorant et un juge prévaricateur n'étaient pas faits pour être exposés à la risée publique; que le premier devait être rappelé par son maître et le second par les lois ou au moins par un remords. » Quelle bouffonne trouvaille! *Au moins par un remords!* Comme tout cela donnait raison à Figaro!

Enfin, le 10 mars 1783, les rôles venaient d'être distribués aux acteurs, lorsque le Roi et la Reine voulurent connaître la pièce. Mme Campan la leur lut sur un manuscrit de l'auteur.

— C'est détestable! s'écria Louis XVI après la lecture. Il faudrait détruire la Bastille pour que les représentations de ces pièces ne fussent pas une inconséquence.

Et ordre fut donné de suspendre les répétitions. Les comédiens étaient désolés, Mlle Contat surtout, qui devait jouer le rôle de Suzanne.

Cette comédienne si vive, si gracieuse, si intelligente, qui passait avec une vérité extrême et une rapidité sans exemple, de la hauteur à la simplicité, de la bonté à l'ironie, réussissait surtout dans la coquetterie. Louise Contat n'était pas seulement une grande comédienne, c'était une femme charmante; elle alliait à l'expérience du monde beaucoup d'esprit naturel et d'instruction. Elle était alors dans tout l'éclat de sa beauté, et on la citait comme un modèle pour le charme et le piquant de sa conversation. Elle avait sa cour à cette époque, et rien n'était plus coquet, plus amusant que ses petits soupers. M. le comte d'Artois, qui s'était tout nouvellement monté la tête pour elle, s'y trouvait parfois, toujours prêt à offrir cette protection galante qui distinguait le grand seigneur (1). Ce fut un trait de lumière pour la comédienne. Il lui vint à l'idée de profiter de l'amour du prince et de son crédit à la Cour pour faire lever l'ostracisme qui pesait sur *Figaro*.

Un soir qu'il était resté seul avec elle, sur un mot qu'elle lui avait jeté tout bas, elle fut plus charmante d'à-propos, plus merveilleuse d'esprit, plus perfide de désirs inspirés qu'elle n'avait été jusqu'alors. Jamais cette séduisante femme n'avait été plus entraînante. A demi couchée sur un sopha, dans le boudoir le plus voluptueux, Mlle Contat laissa tomber sur le prince un de ses adorables regards, en souriant à demi pour montrer une double rangée de perles fines, dont l'éclat était rehaussé par le corail de sa jolie bouche.

Le prince profita de ce moment pour se jeter aux pieds de la divinité. Et déjà il s'approchait pour effleurer de ses lèvres ses blanches épaules, lorsque l'actrice, se levant brusquement, s'éloigna du sopha, laissant son royal amoureux à genoux et fort désappointé.

— Mais, Madame, dit le prince, pourquoi donc m'avez-vous fait rester ici?

Mlle Contat s'était rapprochée en riant. — Pour vous parler d'affaires, Monseigneur, répondit-elle.

— Oh! dit le prince en chiffonnant son jabot d'un air indifférent.

— Ecoutez-moi, Monseigneur, et ne faites pas la moue ainsi; cela va mal à un amoureux.

— Et qui vous a dit?...

— Vos yeux, Monseigneur, ont parlé pour vous.

— Et mes yeux ont dit la vérité; oui, je vous aime, je vous aime...

---

(1) Contat, d'abord maîtresse du chancelier de Maupeou, fut en effet plus tard la maîtresse du comte d'Artois. A celui-ci succéda le séduisant Louis de Narbonne, qu'elle arrachait à Mme de Staël; après Narbonne, la Révolution marchant, elle prit Legendre, le célèbre boucher conventionnel. Elle finit par épouser le marquis de Parny, neveu du poète.

Et le prince s'était emparé de la main de l'actrice, qu'il baisait comme un affamé.

— Eh bien, continua Mlle Contat sans retirer sa main, il faut que vous me rendiez un service.

— Parlez, Madame.

— Vous êtes tout-puissant auprès du Roi. Pouvez-vous lui dire deux mots en faveur de pauvres comédiens bien malheureux? Il nous faut l'autorisation de jouer *Figaro*.

— Je vous donne ma parole que vous l'aurez avant trois jours.

— Vous vous y engagez?

— Je vous le jure.

Et leurs lèvres n'étaient plus séparées que par l'épaisseur d'un baiser, lorsque l'actrice le repoussa doucement.

— Vous allez trop vite, Monseigneur. Exécutez-vous à votre tour. Pour moi, j'ai donné mes arrhes...

Le lendemain, le prince en parla au Roi, qui refusa. Fort embarrassé et très amoureux, le comte, ne sachant que faire, s'adressa à la Reine, qu'il n'eut pas de peine à mettre de son parti, et, d'accord avec M. de Vaudreuil et Mme de Polignac, favorite de Marie-Antoinette, ils firent tant que Louis XVI céda (1).

Le 27 avril 1784, l'affiche de la Comédie annonçait la première représentation du *Mariage de Figaro ou la Folle Journée*.

Dès le matin, une foule immense remplissait les abords de l'Odéon. C'était un tumulte dont rien ne peut donner idée. Les fenêtres de la place étaient garnies d'honnêtes bourgeois qui s'amusaient beaucoup à voir escalader, à l'aide de cordes, le balcon du théâtre, en dépit des gardes françaises et des Suisses venus pour renforcer les postes. Depuis midi, des voitures richement armoriées arrivaient de tous les coins de Paris. La Cour et la noblesse venaient soutenir de leurs applaudissements cette *Folle Journée*.

A trois heures, il eût été impossible de pénétrer dans la salle. Je parvins à grand'peine au foyer de la Comédie, où je trouvai bon

---

(1) *La Folle journée* avait d'abord été représentée à Gennevilliers, chez le comte de Vaudreuil. Voir à ce sujet les lettres de Beaumarchais, de Vaudreuil et du duc de Fronsac, dans *Beaumarchais et son temps*, par M. L. de Loménie, t. II.

nombre d'auteurs réunis. J'entrais au moment où le marquis de Bièvre demandait à Champcenetz (1) ce qu'il pensait de la pièce.

— Pourvu que ce ne soit pas comme la représentation du *Persifleur*, lui disait-il.

— Pourquoi ? demanda Champcenetz.

— Parce que le *père Siffleur* avait ce soir-là tous ses enfants au parterre.

Et le marquis allait continuer sur ce ton, lorsque entrèrent Suzanne et Chérubin. Tout ce qui se trouvait au foyer fit cercle autour de Mlle Contat et de Mlle Olivier, charmante jeune personne dont la beauté attirait tous les regards, et que, trois ans plus tard, la mort devait enlever au Théâtre-Français.

Préville et Dazincourt ne tardèrent pas à descendre de leur loge. Préville, le comédien le plus parfait, le mieux doué de la nature pour plaire, sur le point de prendre sa retraite, avait refusé le rôle de Figaro pour le laisser à Dazincourt, et s'était chargé du rôle de Brid'oison.

La Comtesse fit ensuite son entrée, présentée par le galant Almaviva, et Mlle Sainval et Molé partagèrent l'admiration générale.

Tous les acteurs étaient réunis au foyer pendant que les spectateurs, dont la plupart n'avaient pas dîné, faisaient un tapage effroyable dans la salle, lorsqu'à ce bruit succède tout à coup un silence profond : l'orchestre jouait *les Folies d'Espagne*. Tout le monde se précipite au théâtre. Les coulisses encombrées permettaient à peine aux acteurs d'entrer en scène.

Le rire et les applaudissements ne discontinuaient pas. Dans un entr'acte, Beaumarchais parut dans la salle où il faisait une chaleur horrible.

Au moment où il entrait, on criait: « De l'air ! de l'air ! » Beaumarchais fit observer que les fenêtres ne pouvaient s'ouvrir.

— Mais il y a un moyen d'avoir de l'air, dit-il en agitant sa canne ; je vais casser les vitres.

— Ce sera, lui dit un plaisant, la seconde fois de la soirée.

Le succès fut prodigieux, tout y parut nouveau. Cette raillerie si incisive, cette vivacité d'allure, cette fertilité de moyens, l'amabilité

---

(1) Celui qui devint le collaborateur et le « clair de lune » de Rivarol.

de Chérubin, l'amour rêveur de la Comtesse, l'audace de Figaro, la coquetterie de Suzanne, l'orgueil jaloux du Comte, la bêtise de Brid'oison, tout cela fut trouvé charmant. Jamais il n'y eut d'effet comparable à celui de M{{lle}} Contat dans Suzanne. Préville l'embrassa sur la scène, à la vue et aux applaudissements de toute la salle.

Et, à l'issue de cet étrange spectacle, les bourgeois se mirent encore aux fenêtres pour le défilé des carrosses, ne se doutant pas qu'ils voyaient passer au galop le convoi de l'aristocratie qui venait d'expirer dans la salle de l'Odéon (1).

Un seul carrosse sans armoiries s'arrêta près d'une grille à l'entrée du carrefour Buci. Une jeune femme, leste, vive et légère comme une Andalouse, dont elle portait encore le costume sous une mante de soie, en descendit furtivement et suivit l'allée discrète qui, de détours en détours, la conduisit à un charmant pavillon qu'on appelait le pavillon d'Artois.

Bien peu d'années s'étaient passées, et tous ces grands seigneurs qui avaient ri de si bon cœur avec Almaviva, ces nobles dames qui avaient reçu des leçons de galanterie dans le boudoir de la comtesse Rosine, la Cour tout entière enfin avait disparu. Les comédiens avaient changé de maîtres. Au Roi, à la noblesse, le peuple avait succédé. Mais les comédiens tenaient encore à leurs vieilles traditions. Ils regrettaient l'ancien ordre des choses, et ils ne jouaient qu'avec peine les pièces politiques qu'on leur présentait.

Un auteur, Sylvain Maréchal, vint lire un jour au Comité une pièce intitulée *le Jugement dernier des Rois*. Un membre de la Convention assistait à cette lecture comme ami de l'auteur. La lecture achevée, Grandménil dit tout bas à un de ses camarades :

— Si nous recevons la pièce et que les autres (les rois) reviennent, nous serons pendus.

— Aimeriez-vous mieux, lui dit le conventionnel en lui frappant sur l'épaule, être pendus pour ne l'avoir pas reçue ?

Et *le Jugement dernier des Rois* fut accepté à l'unanimité, ce qui n'empêcha point les comédiens de se montrer souvent hostiles au gouvernement. Laya, dans son *Ami des Lois*, osa même attaquer le

---

(1) La Comédie avait quitté les Tuileries en 1782 et s'était installée à la nouvelle salle bâtie sur l'emplacement de l'hôtel de Condé, qu'on appela plus tard Odéon.

parti extrême de la Convention (1). La Commune, irritée, défendit les représentations de *l'Ami des Lois* (2); lorsqu'une pièce de François de Neufchâteau, qui fut depuis ministre (3), *Paméla* (4), tirée d'un roman de Richardson, fit tomber sur le théâtre un orage qui grondait depuis longtemps. Tous les comédiens furent arrêtés chez eux par ordre de la Commune. On les jeta en prison. Ils frisèrent de près l'échafaud. Un homme fut le sauveur de la Comédie-Française. Cet homme, dont pas un comédien ne sait le nom aujourd'hui, se nommait Labussière (5). Ancien artiste d'un humble théâtre, il travaillait alors aux Tuileries au bureau des pièces accusatrices. Il trouva le moyen de soustraire et de faire disparaître sans laisser de trace les dossiers des comédiens, qui dès lors furent rendus au théâtre.

Un seul dossier, qui ne se trouvait point avec les autres, avait été oublié, et ce dossier était celui de Louise Contat, enfermée seule à Sainte-Pélagie.

Pauvre femme abandonnée dans une sombre prison, elle avait appris que les artistes du Théâtre-Français avaient recouvré leur liberté, et elle comprit alors qu'il n'y avait plus d'espoir pour elle. Sa gaieté pourtant ne l'abandonna point, elle ne s'occupa plus qu'à embellir les derniers jours qui lui restaient. Elle lisait, faisait de la musique, s'entourait de fleurs et adressait au ciel des vœux fervents pour son fils, bien jeune encore et qu'elle allait laisser orphelin.

Il y avait déjà plusieurs mois que Louise Contat vivait ainsi, lorsqu'au milieu d'une nuit affreuse, une jeune et belle femme, plus belle encore de sa frayeur et du simple appareil dans lequel elle avait été surprise, est amenée sous les voûtes obscures du cloître. On a fermé sur elle les terribles verrous; elle pleure, et ses regards désespérés

---

(1) Dans *Nomophage* et *Duricrane*, on reconnaissait Marat et Robespierre.

(2) La représentation avait fait un bruit énorme. Chaumette lança un réquisitoire foudroyant et le Conseil général de la Commune suspendit la pièce après des scènes tumultueuses où Santerre et la force armée durent intervenir. (Voir *Journal de Paris*, janvier 1793; Etienne et Martinville, *Histoire du Théâtre-Français*.)

(3) Sous le Directoire.

(4) Voir *Mémoires de Fleury*, par Laffitte et Muret; *le Théâtre pendant la Révolution*, 1835, tome IV.

(5) Il a fallu le *Thermidor* de Sardou pour sortir de l'oubli le nom de ce héros. (Voir, dans la *Nouvelle Revue* du 15 juin 1893, des détails nouveaux sur Labussière.)

tombent avec effroi sur les objets sinistres qui l'entourent. Cette femme était Joséphine La Pagerie de Beauharnais, la belle et bonne Joséphine, la future impératrice !

C'est toute une histoire que la rencontre de ces deux grandes dames à Sainte-Pélagie (1).

Une douce intimité s'établit bientôt entre les deux prisonnières. L'actrice adoucissait par sa gaieté la captivité de sa compagne, et parvenait quelquefois à éloigner ses sinistres pensées.

Alors seulement le sourire d'une lointaine espérance venait effleurer les lèvres de la jeune créole. Et tirant de son sein un talisman où étaient gravés ces mots en caractères hiéroglyphiques : Tu gémiras, tu souffriras; espère, attends, tu seras reine d'un grand empire ! « Pauvre Anica ! s'écria-t-elle après avoir lu cet oracle, bonne mulâtresse qui m'a nourrie de son lait, la moitié de la prédiction est accomplie, mais quelle puissance au monde pourra jamais réaliser l'autre ? »

— Espérez, attendez, répétait Louise.

Le 9 Thermidor les sauva toutes les deux. Mlle Contat reprit le sceptre de la scène, et Mme de Beauharnais devint une reine de ces salons dorés où se pressaient en foule de jeunes magistrats, de brillants officiers.

Elle avait retrouvé une partie de ses biens confisqués et réunissait chez elle une société choisie. Son salon avait une réputation de bon goût et d'élégance. Bonaparte y fut admis, et, peu de temps après, il demandait et obtenait la main de la veuve du général de Beauharnais.

Parmi les fidèles de la maison, Bonaparte avait plus d'une fois remarqué Mlle Contat, qui ne cessa de voir son ancienne compagne d'infortune que le jour où elle devint impératrice.

Plus d'une année s'était écoulée sans que la comédienne eût cherché à revoir la captive de Sainte-Pélagie. Mlle Contat avait trop l'habitude du grand monde et la science des convenances pour ne pas se tenir volontairement à l'écart.

Un jour, la Cour était à Saint-Cloud et la Comédie-Française y jouait

---

(1) Il y a là une erreur. Mme de Beauharnais était enfermée aux Carmes et non à Sainte-Pélagie, et dans cette dernière prison, il y avait sa belle-sœur, femme divorcée du marquis de Beauharnais et mère de Mme de Lavalette. Jousselin, cela lui arrive quelquefois, emprunte à son imagination le canevas de ce roman. Mais rien d'étonnant à ce que Louise Contat ait connu Joséphine ailleurs qu'en prison.

le Misanthrope. Célimène s'y montra dans tout son éclat et fut présentée après le spectacle à l'Impératrice, qui la reçut avec sa grâce et sa bonté ordinaires, et, tout en se plaignant doucement de son abandon, l'engagea à déjeuner avec elle le lendemain matin.

Dès qu'elle fut partie, Mme de La Rochefoucauld, dame d'honneur, restée seule avec l'Impératrice, crut devoir faire observer à Sa Majesté que cette invitation, en dehors de toutes les règles de l'étiquette, pourrait peut-être déplaire à l'Empereur.

— Que faire? répond Joséphine fort embarrassée.

— Je ne vois qu'un moyen de tout réparer, mais il faut que Votre Majesté se fasse malade.

Et, le lendemain, Mme de La Rochefoucauld prévenait Mlle Contat, à son arrivée, de l'indisposition de l'Impératrice, qu'une forte migraine forçait à garder le lit, ajoutant que Sa Majesté avait bien voulu la désigner pour la remplacer et que le déjeuner les attendait.

Mlle Contat, qui avait tout deviné, s'excusa le plus gracieusement du monde. Il avait été, en effet, question d'un déjeuner qu'elle avait oublié; elle n'était venue que pour avoir des nouvelles de Sa Majesté. Ne pouvant elle-même présenter ses hommages, elle priait Mme de La Rochefoucauld d'être auprès d'elle l'interprète de ses respectueux sentiments. Mlle Contat remonta alors en calèche pour retourner à Paris.

Napoléon revenait à Saint-Cloud, lorsque, sur la route, il reconnaît Mlle Contat et fait arrêter sa voiture.

— Je croyais, Madame, que vous déjeuniez ce matin avec l'Impératrice?

— Sa Majesté n'ignore pas la santé...

— C'est juste, dit Napoléon en souriant. Mais vous étiez venue pour déjeuner avec l'Impératrice, et vous déjeunerez avec l'Empereur.

Un instant après, Napoléon rentrait au palais avec Mlle Contat, qu'il présentait à sa femme. Sa migraine avait disparu, l'Empereur se trouvait dans un de ses rares moments d'abandon, Mlle Contat était éblouissante d'esprit et de gaieté, le déjeuner fut charmant.

De ce jour, l'Impératrice ne cessa pas de voir Mlle Contat. Et, quand à son arrivée à la Malmaison, où Joséphine la recevait en compagnie seulement de Mme de La Rochefoucauld, la captive de Sainte-Pélagie la saluait en lui demandant des nouvelles de Sa Majesté. Joséphine lui répondait aussitôt avec ce ton de voix si touchant :

— Ah ! Louise, laissez-moi donc oublier ici que je suis impératrice.

Mais les royautés passent vite. Quelques années plus tard, la pauvre impératrice était sans couronne, et Mlle Contat avait abdiqué le sceptre de la comédie.

Par une étrange prédestination, la mort devait frapper le même jour ces deux souveraines qui avaient souffert ensemble et régné en même temps à Paris, l'une par les prestiges de la gloire, l'autre par l'éclat du talent.

Là se termina le récit du marquis. Chaque soir, à l'orchestre du Théâtre-Français, pendant une année entière, j'ai pu feuilleter à mon aise ses souvenirs et faire ma récolte de faits curieux, d'anecdotes, d'histoires irrégulières. Un soir, j'occupais ma place ordinaire..... la sienne resta vide..... L'aimable causeur, le conteur charmant avait cessé de vivre.

Le lendemain, on lisait dans les journaux : « Hier est mort, à l'âge de quatre-vingt-trois ans, le marquis de Ximénès, ancien colonel de cavalerie, littérateur et auteur des tragédies d'*Epicharis*, d'*Amalazonte* et de *Don Carlos*. »

IV

La Comédie-Française à Erfurt. — Talma. — Le décret de Moscou. — Le général Sacken en 1815. — Michelot et Fleury. — Le Cosaque Wolkoff. — Organisation nouvelle de la Comédie. — La crise du théâtre. — Le baron Taylor.

Par une belle matinée du mois de septembre 1808, six voitures et deux fourgons aux armes de l'Empereur, lestement menés, sortaient de la rue de Richelieu, traversaient les boulevards et prenaient la route de Strasbourg. La conversation était vive, animée, dans ces voitures. C'était un échange d'anecdotes, de jeux de mots, d'épigrammes, de facéties. Ces voyageurs insouciants et joyeux, qui se dirigeaient sur la route d'Allemagne dans les voitures impériales, étaient les premiers artistes de la Comédie-Française. Ils se rendaient à Erfurt, lieu choisi pour l'entrevue solennelle des deux empereurs de France et de Russie. Napoléon avait voulu que le Théâtre-Français contribuât à la splendeur de cette réunion. Il venait lui-même de quitter Paris, précédé, entouré et suivi de tout ce qu'il y avait de grand dans son armée et dans sa cour.

Erfurt appartenait alors à la France, et des ordres avaient été donnés aux employés du Mobilier de la Couronne afin d'y expédier tout ce qu'il fallait pour recevoir les hôtes illustres qui allaient s'y réunir. Les plus grandes maisons de la ville avaient été somptueusement meublées. Un théâtre y avait été élevé comme par enchantement. La salle, d'une architecture élégante, se composait d'un rang de loges destinées aux reines, princesses et dames de la Cour; d'une galerie pour les invités et les officiers supérieurs; d'un amphithéâtre qui pouvait contenir de deux à trois cents spectateurs, et d'une vaste estrade disposée à la place qu'occupent ordinairement l'orchestre et le parterre de nos théâtres. Sur cette estrade, au premier rang, étaient deux fauteuils pour les deux Empereurs. Derrière, à droite et à gauche, se trouvaient rangés des sièges où devaient se placer les rois, les princes, les ambassadeurs, les ministres et les grands officiers. Ce qui fit dire qu'à Erfurt il y avait un parterre de rois.

A cette époque, la Comédie-Française était dans tout son éclat. On y comptait des artistes parfaits. Au premier rang était Talma, que Mme de Staël citait comme un modèle de hardiesse, de mesure et de dignité : « Il possède, disait-elle, tous les secrets des arts divers : les charmes de la musique, de la peinture, de la sculpture, de la poésie, animent son organe, son visage, ses attitudes, ses expressions et s'unissent pour révéler par une magie complète toutes les illusions (1). » A côté de lui brillait Lafon, plus sensible qu'énergique, mais qui frappait le cœur; Damas, plein d'intelligence et d'âme; Saint-Prix, à la taille colossale, à la figure noble et passionnée; Armand, si gracieux, si élégant, si distingué; Dazincourt, ce valet au jeu fin, spirituel, exempt de charges; Fleury, le plus parfait des petits-maîtres et qui jouait le Misanthrope avec une grande supériorité.

Parmi les actrices, on distinguait Raucourt, cette grande et majestueuse tragédienne; Mme Talma, qui, douée d'un organe touchant et d'une sensibilité exquise, remuait profondément les âmes; Mézerai, cette jolie et fastueuse comédienne dont les équipages rivalisaient avec ceux de la Cour; Bourgoin, cette nouvelle Sophie Arnould, aussi brillante par l'esprit que par la beauté; Mars, une de ces délicieuses créatures, nature privilégiée, composée de grâces, de distinction, d'esprit et d'intelligence, qui, au charme de sa personne, à la douceur

---

(1) Citation, tout à fait inexacte, d'un passage de *l'Allemagne*.

naturelle de son organe, joignait déjà toutes les ressources d'un art consommé; elle était alors sans rivale dans les ingénuités et les jeunes amoureuses; enfin Contat, cette souveraine de l'art qui régnait à Paris, où il est difficile, même aux rois, de régner. Tels étaient les comédiens qui devaient représenter l'art français en Allemagne. Dazincourt remplissait les fonctions d'ordonnateur des spectacles de la Cour, et Talma portait tous les matins à l'Empereur l'affiche du spectacle du soir.

Napoléon, arrivé le 27 septembre à Erfurt, avait reçu l'empereur Alexandre au palais impérial. Un festin splendide y avait été préparé, où se trouvaient, auprès des deux Empereurs, le grand-duc Constantin, le roi de Saxe, le prince Guillaume de Prusse, les rois de Bavière et de Wurtemberg, le roi et la reine de Westphalie, le grand-duc et la grande-duchesse de Bade, les ducs de Hesse-Darmstadt, de Weimar, de Saxe-Gotha, d'Oldenbourg, de Mecklembourg, et une foule d'autres princes régnants, d'ambassadeurs et de ministres. Le soir, la ville fut illuminée et le théâtre donna *Cinna*, l'un de ces ouvrages qui retrempent les âmes, fortifient le cœur et développent les germes des plus nobles pensées. Talma dans Cinna, Saint-Prix dans Auguste et Mme Talma dans Emilie, ne s'étaient jamais élevés à une si grande hauteur de talent. L'enthousiasme fut tel dans la salle que des applaudissements ne purent être retenus en présence même de tant de Majestés (1).

On représenta successivement *Andromaque*, *Britannicus*, *Mithridate*, *Mahomet*, *Œdipe*, et, à l'exception de *Misanthropie et Repentir* (2), ce drame qui a eu le privilège de faire pleurer le monde entier, et qui n'en est pas meilleur pour cela, on ne joua que notre vieux théâtre purement monarchique, où il n'est question que de princes, de rois, et où tout se passe avec une étiquette solennelle. Les deux souverains prenaient un grand plaisir aux représentations. L'une d'elles donna lieu à un incident très connu. On jouait *Œdipe*. A ce vers :

L'amitié d'un grand homme est un bienfait des dieux,

Alexandre prit la main de Napoléon et la serra fortement, de manière

---

(1) Les auditeurs trouvèrent néanmoins bien longs ces quinze jours de tragédie, pour lesquels ils n'étaient nullement préparés. Voir les réflexions de Caulaincourt à ce sujet dans *Napoléon et Alexandre Ier*, par M. Albert Vandal, t. II.

(2) Drame de Kotzebue, traduit et arrangé pour la scène française par Mme Molé.

à être aperçu de tous les spectateurs. Cet à-propos excita une adhésion unanime.

A l'issue des représentations, Napoléon voulut présenter lui-même Talma à l'empereur de Russie. Alexandre l'accueillit avec une grâce infinie. Il lui parla du désir qu'il avait de le voir à Saint-Pétersbourg. « Ce n'est pas seulement un vœu que je forme, ajouta le prince, c'est un droit que je réclame. Un talent comme le vôtre, Monsieur, appartient à toutes les nations. »

Fleury, Armand, Contat et Mars ne jouèrent pas à Erfurt. La comédie avait été exclue des représentations. L'Empereur, s'étant aperçu que les Allemands et les Russes saisissaient avec enthousiasme la beauté et la grandeur de nos scènes tragiques, avait craint qu'ils ne comprissent pas de même l'esprit et la finesse de nos comédies. Le grand-duc de Weimar, amateur passionné du théâtre, et qui avait beaucoup vu à Paris Mlle Contat et Mlle Mars, eut l'idée de les engager à jouer à Weimar, dans une fête préparée pour la réception des deux Empereurs, dont il attendait la visite. L'auteur de *Marius*, Arnault, qui avait accompagné à Erfurt son beau-frère, le comte Regnault de Saint-Jean-d'Angély, composa quelques scènes pour la circonstance. Elles furent promptement apprises par Fleury, Armand, Mars et Contat, et représentées le jour de la fête, dans la salle même du bal, au grand étonnement et à la satisfaction de toute la Cour. Les deux actrices furent éblouissantes de parure, de grâce et de gaîté. C'était à qui leur adresserait un mot, un geste, un regard, dans ce bal qui avait réuni la plus brillante société. Deux hommes célèbres de l'Allemagne s'y trouvaient, Gœthe et Wieland; et, tandis qu'Alexandre et les princes de la Confédération entouraient de leurs hommages les deux grandes comédiennes de Paris, Napoléon, dans un coin du salon, causait sérieusement et longuement avec les deux illustres écrivains de l'Allemagne. A la suite de cet entretien, les deux poètes furent décorés de l'ordre de la Légion d'honneur. Quant aux artistes, Fleury et Armand reçurent chacun une épingle en diamants, Mlle Contat un riche bracelet de perles fines, et Mlle Mars un bouquet de violettes attachées par un nœud de brillants. C'était une galanterie charmante de la part du grand-duc de Weimar, qui connaissait la prédilection de l'artiste pour ces fleurs. Mlle Mars professa toute sa vie un culte pour les violettes, et, chose singulière, pendant plus de vingt ans, le jour de sa fête, au milieu des fleurs achetées à grand prix et qui lui étaient adressées, elle reçut un simple bouquet de violettes. L'auteur de cette offrande resta toujours inconnu... et, le jour de sa mort, elle fut enterrée avec un bouquet de ces fleurs au côté, sans qu'on eût su quelle main mystérieuse les avait placées sur sa poitrine.

Au retour de Weimar, tous les comédiens se disposèrent à quitter Erfurt. Avant leur départ, Napoléon voulut avoir une conversation avec Talma, qu'il aimait à retrouver parfois.

Tous les deux s'étaient connus aux premiers jours de leur gloire. Talma avait habité quelque temps ce charmant hôtel de la rue de la Victoire qui fut donné plus tard au vainqueur de Montenotte, de Millesimo et d'Arcole (1). C'est dans cette jolie petite maison que le grand artiste qui devait régner au théâtre et le grand capitaine qui devait gouverner le monde s'étaient mariés tous les deux, l'un en 1791, l'autre en 1796.

Talma, depuis ce temps, n'avait pas cessé de faire partie des visiteurs d'élite que recevait Bonaparte et qu'il appelait ses amis : Monge, Berthollet, Laplace, Berthier, Legendre, Caffarelli, Bernardin de Saint-Pierre, Chénier, Daunou, Arnault et David. Jusqu'au moment où il monta sur le trône impérial, Napoléon eut de douces et intimes relations avec le grand tragédien. Il aimait à deviser avec lui de littérature et de théâtre. Napoléon aurait voulu faire de Talma le chef, le directeur de la Comédie. L'artiste avait toujours décliné cet honneur. « Il valait mieux, disait-il, rester l'ami de ses camarades que de risquer, en devenant leur supérieur, de les avoir pour ennemis. » Le voyage d'Erfurt avait fait renaître cette idée. L'Empereur lui en parla, et sur son refus, au moins que, par ses observations et son entente si prodigieuse de la scène, il le mit à même de donner à la Comédie une constitution sur des bases assez solides pour résister à tout. Leur conversation fut longue et sérieuse. Ce fut la dernière, ils ne devaient plus se rencontrer. Après un touchant adieu à l'ancien ami, l'Empereur donna congé aux artistes, qui, comblés de présents, reprirent la route de Paris.

Peu d'années s'étaient écoulées, Napoléon était à Moscou. Les fêtes

---

(1) En réalité, l'hôtel avait été loué par Joséphine à Julie Careau, femme divorcée de Talma, le 17 août 1795. (F. Masson, *Joséphine de Beauharnais*.)

d'Erfurt étaient oubliées depuis longtemps. Mais la conversation de Talma était restée dans les souvenirs de l'Empereur. Il avait voulu tenir la promesse qu'il avait donnée au comédien. Ce fut du Kremlin, 15 octobre 1812, qu'il data ce décret sur le Théâtre-Français, qu'on appela depuis le décret de Moscou.

C'est ce même décret, que peu de personnes connaissent, qui régit encore la Comédie d'aujourd'hui, avec les modifications que le temps et la Direction y ont apportées.

On sera peut-être curieux de connaître les bases sur lesquelles l'Empereur avait posé le Théâtre-Français. Et d'abord, disons que ce fut un arrêté consulaire du 26 novembre 1803 qui constitua la société telle qu'elle est aujourd'hui : espèce de communauté de mainmorte, possédant une inscription de 100,000 francs de rentes inaliénables, donnés aux comédiens par arrêté du 2 juillet 1802 et affectés spécialement aux loyers. Un acte d'association réalisé devant notaire, le 17 avril 1804, et continué jusqu'à nos jours, a reçu les adhésions successives des comédiens qui ont été admis au Théâtre-Français, et forme le contrat de ceux qui l'exploitent actuellement.

Suivant le décret de Moscou, la Société est divisée en vingt parts ; chaque sociétaire a droit à quart de part, demi-part ou part entière.

Deux parts sont prélevées annuellement, l'une pour les dépenses de la mise en scène, l'autre pour former un fonds de réserve dont chaque sociétaire, à sa retraite, retire sa quote-part.

La Société s'administre elle-même, au moyen d'un comité de six sociétaires, présidé par un commissaire impérial, sous la surveillance du préfet du Palais.

Deux sociétaires, à tour de rôle, font exécuter, comme semainiers, les ordres du comité, et s'occupent spécialement des travaux de la scène et du répertoire.

Des assemblées de tous les sociétaires ont lieu le samedi de chaque semaine. C'est là que se discute le répertoire présenté par les semainiers. Les chefs d'emploi ont le droit de choisir les rôles de leur emploi ; les doubles viennent ensuite ; puis les pensionnaires, que l'on ne consulte pas. C'est la gent corvéable de l'endroit. Le répertoire arrêté, les semainiers sont chargés de le porter le lendemain à l'Empereur. Cet usage s'est conservé jusqu'à nos jours. En 1815, lorsqu'il n'y avait plus d'empereur, et qu'il n'y avait pas encore de roi, c'est au général russe Sacken, gouverneur militaire de Paris, que l'on portait le répertoire. On raconte à ce sujet une anecdote assez curieuse.

Michelot et Fleury s'étaient rendus un jour à l'Élysée pour remettre le répertoire à Sacken.

Le général, qui parlait français avec une grande pureté et beaucoup de facilité, les reçut avec courtoisie. Il prit le répertoire, y jeta les yeux, et au grand étonnement des comédiens, entama une discussion littéraire sur notre vieux théâtre qu'il connaissait parfaitement, lorsqu'un aide de camp entra et dit quelques mots en russe au général.

Sur un signe de ce dernier, l'aide de camp sortit, et bientôt après vint un jeune homme que sa distinction et la beauté de son visage avaient déjà fait remarquer aux comédiens à leur passage dans le salon d'attente, où il était seul, occupé à examiner quelques tableaux. C'était un Cosaque de la Garde. Il s'inclina légèrement devant les artistes, fit un salut militaire au général, et lui remit un papier qu'il tenait à la main. Celui-ci y apposa sa signature et son cachet, le rendit au jeune Cosaque qui le reprit, le serra avec soin dans un portefeuille, salua de nouveau, et sortit sans qu'un geste, un regard, le plus léger mouvement eût pu trahir la douce sérénité de son visage.

— Quel charmant cavalier ! s'écria Michelot en s'adressant au général.

— Qui dans une heure n'existera plus, répondit Sacken.

— Comment ?

— Ce papier que vous lui avez vu serrer aussi soigneusement est sa condamnation à mort qu'il m'apportait à signer.

— Quoi ! lui-même ?

— Venu seul ici, de La Chapelle, où est son cantonnement, il y retournera seul, remettra sa condamnation à ses chefs, et dans une heure...

Les deux comédiens ne purent retenir un mouvement d'émotion douloureuse ; ils s'empressèrent de solliciter la grâce du condamné. La grâce leur fut accordée. Le général sonna, et un instant après rentrait le Cosaque, que l'on avait trouvé dans la cour causant gaiement avec quelques compatriotes auxquels sans doute il faisait ses adieux. Le général reprit la condamnation, la déchira, et lui fit connaître qu'il devait sa grâce aux deux artistes parisiens.

Après quelques mots de remercîments que Sacken transmit aux

comédiens, le général congédia le Cosaque dont la condamnation ni la grâce n'avaient pu changer l'impassibilité.

Bien des années s'étaient passées. Cette rencontre de 1815 était déjà loin des souvenirs de Michelot, le seul des deux comédiens qui vécut alors, quand il lut un jour dans un journal une aventure touchante arrivée en Russie à quelques Français malheureux. De pauvres artistes parisiens, restés prisonniers et oubliés dans les steppes de la Sibérie, étaient parvenus non sans peine à gagner Moscou, où, privés de toutes ressources, ils cherchaient à organiser un concert, pour retourner dans leur patrie. Mais que pouvaient faire de pauvres abandonnés sans nom et sans protecteurs, au moment surtout du passage à Moscou d'un des premiers chanteurs de Russie, un de ces talents que la foule idolâtre? Les projets des pauvres prisonniers allaient échouer, quand l'artiste voyageur apprend leur triste position.

Voler à leur secours, retarder ses concerts, se mettre à leur disposition, pour celui qu'ils allaient abandonner, fut aussi promptement exécuté que pensé par le virtuose russe.

Le jour du concert, toute la noblesse russe s'y trouva. La recette s'éleva à 3,000 roubles..... Pauvres prisonniers! ils allaient revoir la France! Quel était donc cet homme, ce talent éminent, qui était venu ainsi en aide aux artistes parisiens?..... C'était le jeune Cosaque de 1815, Wolkoff, le petit-fils de Wolkoff, qui, de pauvre paysan, devint à la fois peintre, poète, comédien et fondateur du théâtre russe.

Ce récit nous a un peu éloigné de la rue de Richelieu. Revenons-y, et parlons des droits et des devoirs des comédiens du Théâtre-Français, car, dans cette république aussi, il y a des droits et des devoirs que le décret de Moscou a formulés.

Le sociétaire en exercice a droit à sa part de propriété, au partage des bénéfices et à l'administration théâtrale et financière.

Après vingt ans de services consécutifs, le sociétaire a droit à une pension de 5,000 francs; après trente ans, 7,000 francs, plus sa part de fonds de réserve.

Sous l'Empire, les recettes suffisaient à l'exploitation. Le théâtre avait 150,000 francs de location par année. L'Empereur exigeait que tous les membres de la famille impériale et les grands dignitaires de la couronne y eussent leur loge. Lui-même payait la sienne 21,000 francs. Aussi les parts s'élevaient de 18 à 20,000 francs. Talma et Mlle Mars touchaient chacun plus de 30,000 francs sur la cassette impériale.

La Comédie jouissait en outre d'un privilège immense : c'était de recruter des artistes partout où il s'en trouvait, sur tous les théâtres de l'Empire, par un ordre de début.

Sous la Restauration, une subvention de l'Etat de 200,000 francs fut donnée au Théâtre-Français; les 30,000 francs de Talma et de Mlle Mars continuèrent à être payés par la cassette royale jusqu'aux dernières années de la Restauration, où la subvention fut réduite à 150,000 francs, et les 30,000 francs de Mlle Mars prélevés sur cette somme. Le reste servait à former le traitement et les feux des autres sociétaires. Plus tard, les 30,000 francs de Mlle Mars rentrèrent à la masse; mais alors, Mlle Rachel touchait un traitement fixe de 40,000 francs pour jouer deux fois par semaine, plus 500 francs en sus pour la troisième représentation qu'elle donnait.

Glissons ici que Mlle Clairon, Mlle Dumesnil et autres artistes du temps touchaient vingt sous de feu par rôle; Lekain recevait ses vingt sous, qu'il représentât le Soudan dans *Zaïre*, ou l'Agnelet dans *l'Avocat Patelin*, car, en vertu des règlements d'alors, tout artiste jouait dans les deux genres.

Ces droits établis, les comédiens ont des devoirs à remplir, et d'abord ils doivent se fournir à leurs frais de tous leurs costumes de ville des époques de Louis XIV, de Louis XV, de Louis XVI et de nos jours.

Ils doivent se soumettre à tous les règlements émanant de l'autorité supérieure; faire partie des comités d'administration et de lecture; assister à toutes les assemblées; jouer toutes les fois qu'ils en sont requis, etc.

Toutes ces dispositions étaient fort sages, et le théâtre a longtemps prospéré sous l'empire du décret de Moscou. Mais la Révolution de Juillet brisa droits et devoirs. Le décret demeura sans force, les recettes devinrent nulles et la subvention insuffisante. Les artistes les plus distingués s'éloignaient du théâtre : Mlle Mars plaidait en dissolution de société; Mlle Leverd, à Belleville, occupait ses loisirs au whist et au boston; Cartigny se livrait à l'agriculture dans les environs de Paris; Grandville herborisait; Firmin voyageait; Ligier jouait à l'Odéon, Samson au Palais-Royal et Michelot faisait des études stratégiques dans l'artillerie de la garde nationale.

J'arrivai au milieu de cette crise au Théâtre-Français. Ce ne fut cependant que deux ans plus tard que la direction fut établie. Je remplissais les fonctions de semainier sous le commissaire royal, M. le baron Taylor, homme de cœur et d'esprit, et dont le zèle était sans bornes pour les comédiens. Soit curiosité, soit tout autre motif, la première assemblée générale où j'assistai était au grand complet : Mlle Mars, Mlle Leverd, Cartigny, Michelot, Firmin, Samson, Ligier étaient rentrés. Le théâtre semblait renaître, on eût dit que tout allait reprendre une vie nouvelle. Le répertoire de la semaine était magnifique. Tous les chefs d'emploi s'étaient fait inscrire. Jamais comédiens n'avaient montré autant de zèle; tous m'assuraient leurs concours. Cartigny me prenant à part :

— On a dû vous conter beaucoup de mal de moi, me dit-il en me serrant affectueusement la main, me présenter comme un acteur impossible. Eh bien! je veux vous enlever complètement la mauvaise opinion que vous pourriez avoir; et, pour commencer, je joue demain Figaro.

Le répertoire annonçait *le Mariage* pour le lendemain.

J'étais émerveillé.

— Mais c'est un véritable Eldorado que le Théâtre-Français, dis-je au commissaire royal.

— Attendez, me répondit-il, dans quelques jours nous en causerons.

Le même soir, au moment où je revoyais l'affiche, entre Cartigny dans mon cabinet.

— Désolé, mon cher Monsieur, désolé, me dit-il en m'abordant, il me faut absolument partir ce soir pour ma ferme de Gros-Bois; mes prés sont fauchés, les récoltes sont sur place, le temps menace et le moindre retard peut me faire perdre quelques milliers de foin. Mardi je serai de retour, et vous pouvez compter sur moi tout le reste de la semaine. Au surplus, cela ne change rien à votre affiche; Monrose sera enchanté de jouer Figaro.

Je ne pus qu'exprimer mes regrets à Cartigny, tout en le remerciant encore de sa bonne volonté, et je fis prévenir Monrose que l'on trouvait toujours prêt à rendre service. J'allais sortir quand on m'annonça Mlle Leverd.

— Cartigny ne joue pas demain, me dit-elle, mais je ne joue jamais qu'avec lui, mon cher ami, jamais avec d'autres. Que cela ne vous inquiète pas, Mlle Dupuis sait le rôle de la Comtesse. Du reste, mon cher ami, tout à votre disposition.

Et Mlle Leverd me laissa stupéfait.

Un vieil acteur que j'avais pour régisseur, Faure, me conseilla d'envoyer l'affiche sans attendre de nouvelles réclamations, ce que je fis, et *le Mariage de Figaro* fut joué le lendemain par Mlle Dupuis et Monrose.

Tous les jours se suivirent et se ressemblèrent. Pas un spectacle annoncé ne fut joué. C'était Michelot, qui avait des exercices au polygone! Firmin, qui donnait des représentations à Versailles; Mlle Leverd, dont on fêtait la naissance; Mlle Mars, qui plaidait pour le pavage de sa rue; Cartigny, qui coupait ses avoines, etc.; enfin pas un jour sans changements. Un soir, obligé de faire une affiche nouvelle, je remplace *Cinna*, que l'on devait jouer, par *les Templiers*, qui avaient été repris quinze jours avant. C'était à peu près les mêmes acteurs qui jouaient dans les deux pièces. Voici l'autographe curieux que je reçus le lendemain :

« *Les Templiers!* il y aurait un prix de cent mille écus que je ne pourrais pas le gagner. *Les Templiers!* grand Dieu! je ne pourrais vous en dire quatre lignes..... j'aimerais mieux être fusillé à l'instant. Quelle étourderie? Impossible, impossible, impossible! Que j'ai de regret!

« JOANNY. »

Il était deux heures, et le commissaire royal était dans mon cabinet quand je reçus cette lettre.

— Mais c'est le théâtre qui est impossible! dis-je au baron Taylor.

— Eh! non, me répondit-il, mais vous vous adressez mal. Entourez-vous d'acteurs de bonne volonté, et vous marcherez, peu grandement, mais sans entraves.

Je suivis son conseil, et je laissai de côté Michelot, Cartigny et Mlle Leverd. Pendant l'année qu'ils avaient encore à faire pour avoir leur pension, Michelot ne joua pas, Cartigny joua une fois et Mlle Leverd trois fois.

V

Mlle Duchesnois. — Le choléra et *Louis XI*. — Mme Moreau-Sainti. — Une ancienne maîtresse de Louis XV. — Une mère d'actrice. — Mlle Mars.

La Comédie-Française venait de perdre peu à peu les plus grands représentants de sa tradition, ces intelligences conservatrices qui rappelaient encore les jours de sa splendeur; elle avait à acquitter envers les sociétaires retirés une dette de reconnaissance et d'amitié. Des représentations de retraite étaient la récompense de longs et laborieux travaux. Le 9 janvier 1832 eut lieu celle de Mlle Duchesnois, après vingt-huit ans de services. Mlle Duchesnois avait été l'un des plus fermes soutiens du répertoire classique, l'un des plus vaillants athlètes de la tragédie. Née en 1777, elle débuta dans *Phèdre* en 1802, fut reçue sociétaire en 1804, et se retira du théâtre en 1830; cette tragédienne, qui, pour émouvoir dans les situations touchantes, n'avait qu'à parler, était douée d'une sensibilité profonde et vraie et d'une brûlante énergie. Souvent elle trouvait de ces accents particuliers qui glaçaient de surprise et de terreur. On y reconnaissait l'inspiration d'un talent supérieur. C'est dans *Jeanne d'Arc*, de d'Avrigny, qu'elle fit ses adieux au public (1).

Cette tragédie, le seul titre littéraire de l'auteur, qu'il avait mis huit ans à composer, et qu'il appelait justement une œuvre de longue haleine, est assez médiocre. Mais une belle situation, quelques vers patriotiques, et surtout le talent de l'actrice, lui avaient donné un certain retentissement.

Le Malade imaginaire, joué par Baptiste cadet, Graville, Monrose, Mlle Demerson, avec la Cérémonie où parurent tous les anciens socié-

---

(1) Mlle Duchesnois mourut dans son hôtel de la rue de La Rochefoucauld, le 8 janvier 1835, assistée à ses derniers moments par Mgr de Quélen, archevêque de Paris. Dans ce même hôtel mourut, en 1855, la célèbre Mme de Lavalette.

taires retirés, Saint-Phal, Armand, Damas, Baptiste, Mmes Thénard, Bourgoin, Volnay, finissait le spectacle. Les journaux et l'affiche de la veille avaient annoncé un ballet de l'Opéra, qui ne fut pas donné. Des spectateurs le demandèrent et le régisseur vint dire au public que cette demande n'était pas juste, puisque l'affiche du jour ne promettait aucun divertissement. Cette ingéniosité termina gaiement la soirée.

A cette époque, Casimir Delavigne apporta *Louis XI* aux comédiens. Cette œuvre avait été primitivement conçue par Talma, que la mort arrêta au milieu de ses études; ce fut Ligier qui recueillit son héritage et joua *Louis XI*. Le 11 février 1832 fut donnée la première représentation, au moment où le choléra commençait à envahir la capitale.

Tout à coup, le fléau prend des proportions effrayantes, Paris désolé fuit ou se renferme. Des émeutes vinrent s'ajouter au désastre, de graves désordres s'en étaient suivis. Partout les affiches de l'autorité avaient été déchirées, celles même des spectacles n'avaient point été épargnées; cette joie du soir paraissait une insulte au public. Les acteurs épouvantés s'éloignaient de Paris; les représentations de *Louis XI* cessèrent forcément et cependant l'autorité tenait à ce que les théâtres fussent ouverts.

Le Théâtre-Français, par sa situation près du Louvre, où se trouvait l'état-major de la garde nationale, était de tous les théâtres le plus exposé. Le rappel battait à chaque instant, les gardes nationaux encombraient la rue Richelieu et en fermaient toutes les issues. Néanmoins, on jouait tous les soirs. Quelques rares spectateurs se glissaient encore au théâtre, moins pour jouir du spectacle que pour échapper aux cris et au tumulte. Rien de plus singulier que ces représentations interrompues à chaque instant par un nouvel arrivant que l'on entourait et qui racontait les incidents de la rue, souvent plus dramatiques que ce qui se passait sur la scène. Acteurs et spectateurs entamaient alors des conversations qui finissaient par devenir générales; puis chacun reprenait sa place, et le spectacle continuait jusqu'à nouvelle interruption. Un jour, Nourrit, de l'Opéra, était venu voir quelques amis sur le théâtre. Il causait dans la coulisse avec Ligier, qui jouait Néron de *Britannicus*, quand un spectateur l'aperçoit, le reconnaît, l'appelle. C'était au moment de l'entrée de Néron. Nourrit s'empare d'un faisceau d'un licteur et entre en scène avec Ligier. On l'applaudit et on le prie de chanter. Il ne se faisait pas longtemps prier, il entonne *la Parisienne*, que les spectateurs, acteurs et licteurs répètent avec lui. Au bruit de ces chants inaccoutumés à la Comédie-Française, un peloton de gardes nationaux pénètre dans la salle, croyant avoir une émeute à apaiser; mais bientôt au courant de ce qui se passe, la milice citoyenne se met gaiement de la partie et chante en chœur avec tout le monde le refrain de *la Parisienne*.

Une autre fois, on donnait *le Misanthrope* et *le Dépit amoureux*. C'était un débutant de province, un grand monsieur blond, qui jouait Alceste. Il n'en savait pas un mot. La pièce ne finit pas. En revanche, *le Dépit* fut joué de verve, par Monrose et Mlle Dujont. Après la pièce, un habitué demande le spectacle du lendemain, car il était rare de trouver une affiche entière. Monrose s'avance, salue le public et dit : « Messieurs, demain nous aurons l'honneur de vous donner *le Philosophe sans le savoir*. — Non pas, s'écrie un spectateur; vous venez de jouer *le Misanthrope* sans le savoir; vous saurez demain, s'il vous plaît, *le Philosophe* pour le jouer. »

C'est ainsi que se passaient les soirées, lorsque enfin, la première frayeur dissipée et le calme rétabli, la Comédie put reprendre les représentations de *Louis XI*. Le Roi et les princes assistaient à la première.

Louis-Philippe venait souvent en famille au Théâtre-Français. La Reine disposait généralement de deux petites loges. Un jour, la comtesse d'O... en obtint une. Elle voulait y conduire une jeune lady de ses amies, qui pour la première fois venait à Paris.

Désirant connaître les places qu'elles occuperaient le soir, ces dames se rendent au théâtre où, s'adressant à la location, elles rencontrèrent un acteur qu'on appelait le père Guiaud. Ancien artiste de l'Opéra-Comique, entré jeune au Français, où il jouait les financiers, Guiaud était un acteur de talent, plein de rondeur et de bonhomie. Depuis vingt ans qu'il était sociétaire, il n'avait pas manqué un jour de passer deux ou trois heures dans la loge du bureau de location, en face de celle du portier, ce qui le faisait prendre pour ce dernier quand on se trompait de porte. C'est ce qui venait d'arriver à la comtesse, qui l'avait trouvé plus d'une fois à son poste en venant chercher des coupons de loge. Aussi, s'adressant tout de suite à lui, elle le pria de les conduire à la loge qui leur était destinée.

Guiaud, en homme poli, mène ces dames dans la salle, leur montre la loge désignée et les ramène jusqu'à leur voiture sans dire un mot ; elles y montent et s'éloignent. Le soir, on donnait *le Barbier de Séville* : milady croit reconnaître dans l'acteur qui jouait Bartholo l'homme à la loge.

— Vous ne vous trompez pas, lui répond la comtesse qui l'avait vu jouer plus d'une fois, c'est le père Guiaud, le portier du théâtre.

— Comment ! le portier qui joue Bartholo ?

— Lui-même ! Le père Guiaud est depuis si longtemps portier de la Comédie-Française, qu'il sait tous les rôles de toutes les pièces, et lorsqu'un acteur se trouve empêché ou indisposé, on va le chercher, il endosse la casaque et remplit le rôle. C'est ce qui sera arrivé ce soir. Et les deux dames se retirèrent convaincues d'avoir vu jouer le portier du théâtre.

Le succès de *Louis XI* n'avait pas sorti la Comédie d'embarras. Les mauvais jours avaient laissé des traces profondes. Les dettes ne diminuaient pas et les loyers restaient en retard. Des remises continuelles étaient demandées au Roi, qui les accordait, et je ne sais à quelle somme serait monté l'arriéré si, un matin, Louis-Philippe n'en eût fait l'abandon aux comédiens. Ce ne fut qu'en 1852, sous le ministère de M. de Morny, que le théâtre fut exonéré du prix des loyers.

Les comédiens, réduits à leur seule part de subvention, vivaient difficilement. Les sociétaires les mieux rétribués recevaient 5,000 francs, les autres 2,500, et il y en avait même qui ne touchaient que 1,500 fr. Mais ce n'était pas seulement la gêne absolue, c'était l'impossibilité d'aller plus loin, l'imminence d'une catastrophe. Dans cette situation, les comédiens songèrent à résigner leurs pouvoirs entre les mains du ministre de l'Intérieur. Ce fut l'objet d'une longue négociation. Enfin, M. Thiers consentit à s'occuper de la Comédie, et la direction sortit un matin armée de toutes pièces.

Pendant que ces choses se passaient, était arrivée l'époque des débuts. Il venait des débutants de toutes parts, de la province, des théâtres de Paris, de banlieue, du Conservatoire. Il y avait au Conservatoire de musique une classe de déclamation créée par l'Empereur en 1806. Les premiers professeurs avaient été Dugazon, Monvel, Fleury, Dazincourt, Talma et Lafon.

Cette classe, qui existe encore aujourd'hui et qui a pour professeurs les artistes les plus distingués de la Comédie, a cependant peu donné de résultats. A cette époque, plusieurs de ses élèves débutèrent, aucun ne fut engagé. Ce fut dans les théâtres de Paris que la Comédie recruta quelques sujets : Mlle Verneuil, sentimentale actrice dont les succès avaient été remarquables au théâtre de la Gaîté; Mlle Moralès, jeune et jolie personne au teint frais, à la taille fine, et qui quitta promptement le théâtre pour se consacrer aux soins d'un vieil oncle avare et millionnaire qui lui fit attendre vingt ans son héritage; Mlle Venzel, la sœur de la comtesse Orloff, l'une des plus grandes dames de Naples, et dont le salon est ouvert à tous les artistes; Mlle Béranger, charmante ingénue, aujourd'hui baronne et femme d'un colonel; Mlle Noblet, la sœur des Noblet, de l'Opéra, qui s'était fait connaître à l'Odéon, dans le rôle de Paula, de la *Christine* d'Alexandre Dumas (Mlle Noblet fut un instant le premier rôle tragique, la reine de la Comédie, chef d'emploi de Rachel; mais elle eut le bon esprit de s'effacer devant sa doublure).

Retirée du théâtre, elle trône aujourd'hui dans une fabrique de toiles de Mulhouse.

Enfin, Mme Moreau-Sainti, qui jouait les grandes coquettes avec éclat à l'Odéon, et qu'un incident assez singulier en éloigna. On y répétait *Manon Lescaut*. Mme Moreau représentait la maîtresse de Des Grieux. Au quatrième acte, Manon, enfermée à Saint-Lazare, quittait la prison pour être transportée à la Nouvelle-Orléans : elle devait traverser la scène sur une charrette avec plusieurs filles de joie, condamnées comme elle à la déportation. Mme Moreau-Sainti ne voulut jamais consentir à se placer sur la charrette « dans la compagnie de semblables filles », disait-elle. Il y eut procès, elle perdit.

Mais le jour de la première représentation, nouveau refus de sa part; tout ce qu'on put obtenir d'elle fut qu'elle traverserait le théâtre à pied et suivant la voiture. Cet incident fut la cause de son éloignement de l'Odéon. Mme Moreau-Sainti, qui, comme artiste, poussait le rigorisme un peu loin sans doute, n'en était pas moins une très belle et bonne comédienne.

Ce fut cette même année 1832 que débuta Laferrière dans Séide, de *Mahomet*, et dans Saint-Mégrin, de *Henri III*. Il avait choisi Hamlet pour son troisième rôle; mais une décision du comité arrêta ses débuts après les deux premiers, qui cependant avaient été suivis avec intérêt. L'artiste réclama ; la Comédie passa outre. Et pourtant, d'après les règlements, tout artiste admis aux débuts a droit de choisir et de jouer trois rôles du répertoire pour se faire connaître.

Au milieu de tous ces débutants, il me vint un jour une jeune personne, Louise... (je tairai son nom de famille), jolie comme on en voit peu, mais avec une mère comme on n'en voit plus. C'était une ancienne figurante tragique qui m'amenait sa fille pour la faire entendre par le comité d'examen. Après l'audition de la jeune personne dans Emma, de *la Fille d'honneur*, la mère se présente dans mon cabinet.

— Eh bien ! mon cher, que pensez-vous de la petite ?

— Elle est charmante... et du talent.

— Oui... mais elle a tort de jouer *la Fille d'honneur?*

— Qui vous parle de cela ? je veux dire que l'emploi des jeunes premières ne lui convient pas.

— Elle n'a que seize ans, mon brave, et vous en avez qui jouent ces rôles depuis quarante ans.

— Encore une fois, je ne vous parle que du genre.

— Trouveriez-vous que ma fille a mauvais genre ?... par exemple.

— Non, je parle du genre d'emploi qui lui est propre.

— Eh bien ! mon galant homme !

— Eh bien ! il faut qu'elle joue les soubrettes.

— Jour de Dieu ! jouer des soubrettes ! ma fille élevée comme une duchesse. Non, non ! Louise n'est pas faite pour être la domestique de ces dames.

Et là-dessus, elle sortit furieuse de mon cabinet. Quant à Louise, elle entra dans un théâtre de vaudeville, joua les Déjazet, et est aujourd'hui une des premières comédiennes de second ordre.

Tandis que la Comédie recrutait de jeunes et nouveaux talents, les vieux comédiens disparaissaient.

Mlle Sainval cadette, qui avait créé la Comtesse du *Mariage de Figaro*, s'éteignait doucement et sans bruit près de Tours, dans une retraite qu'elle s'était faite.

Damas, ce chaleureux comédien qui jouait à la fois les jeunes premiers tragiques et les premiers rôles comiques, mourait à sa maison de campagne, dans une commune des environs de Paris, dont il était maire. — Saint-Phal, qui portait l'habit galonné comme au temps de Louis XV et qui avait succédé à Molé et à Monvel, sans toutefois atteindre à leur hauteur, avait reparu sur la scène, après trente ans de retraite, dans la cérémonie du *Malade imaginaire*, donné au bénéfice de Mlle Duchesnois; il avait quatre-vingt-quatre ans. Lorsqu'en passant devant le souffleur, qu'il reconnaissait, il lui dit : « On a toujours du plaisir à revoir ses anciens amis, » le public le couvrit d'applaudissements. Il en ressentit une telle émotion, que, deux jours après, on annonça sa mort. — Mlle Bourgoin, cette séduisante actrice dont l'existence a passé rapide dans le plaisir, riant, chantant, aimant, ne voyant pas marcher les années ; cette femme dont on citait l'esprit et le cœur, qui avait une cour de grands seigneurs pour occuper les moments que l'amour et le théâtre laissaient à sa vie ; Mlle Bourgoin finissait doucement dans le sein de la religion.

Une autre actrice, la plus ancienne pensionnaire de la Comédie, Mlle de Luzy, s'était fait une réputation prodigieuse dans les soubrettes. Elle était belle, vive et gaie; elle chantait à ravir.

De son temps, on ajoutait à beaucoup de pièces un vaudeville final, et on y intercalait souvent même un ballet. Née en 1746, elle avait paru pour la première fois sur le théâtre de la rue Neuve-Saint-Germain-des-Prés en 1762, et avait pris sa retraite en 1783.

Depuis ce temps, elle jouissait d'une pension de 1,500 livres que lui servait la Comédie. Louis XV l'avait aimée et, au temps de sa splendeur, elle avait fait bâtir un petit hôtel rue de Condé, où elle vivait fort retirée. Et cependant Mlle de Luzy avait de la fortune, outre la pension qu'elle allait très régulièrement toucher tous les six mois chez M. Védel, alors caissier de la Comédie-Française. A propos de cette pension, voici une histoire assez curieuse que ce dernier me raconta un jour.

La maison de Mlle de Luzy se composait d'une femme de chambre, de la cuisinière et du concierge. Devenue très dévote, elle ne sortait que pour aller à Saint-Sulpice, d'où elle revenait promptement et s'enfermait chez elle. Elle ne recevait personne et craignait les voleurs par-dessus tout. Les portes de l'hôtel étaient constamment fermées au double verrou. En 1830, plus d'une année s'était écoulée sans que Védel eût reçu la visite de Mlle de Luzy. Craignant que son âge ne lui permît plus de sortir, il se décide à aller un matin lui porter sa pension. Il arrive rue de Condé, son registre des pensions sous le bras et un sac d'écus à la main.

— Mademoiselle n'y est pas, dit le concierge qui n'avait entr'ouvert que le judas de la porte.

— Vous lui direz que je reviendrai, répondit Védel ; il faut absolument que je lui parle.

Lui parti, grande rumeur dans l'hôtel : on se demande avec effroi quel peut être cet homme de mauvaise mine, disait le concierge, et qui cachait un sac d'argent sous son habit. Les soupçons les plus étranges sont mis en avant, des soupçons on passe aux réalités ; bref, l'homme au sac est signalé à M. Quatremère, commissaire de police du quartier, comme un voleur de la plus dangereuse espèce. Deux agents sont placés dans l'hôtel, et le reste du jour et de la nuit se passent dans l'attente et l'inquiétude. Le lendemain matin, les agents à leur poste, Mlle de Luzy enfermée dans sa chambre, un coup de marteau se fait entendre à la porte cochère, et l'on voit, à travers les jalousies, descendre de cabriolet l'inconnu de la veille, porteur d'un registre et d'un sac d'argent.

Plus de doute, c'est le voleur. Cette fois, le concierge ouvre avec assurance et dit en souriant :

— Vous pouvez monter, on vous ouvrira.

Et il court chez le commissaire de police, tandis que Védel monte l'escalier.

— Monsieur n'attendra pas longtemps, dit à son tour la femme de chambre en l'introduisant dans le salon, Mademoiselle va venir.

Quelques instants se passent. Après avoir jeté un coup d'œil sur un très beau portrait de Louis XV, Védel aperçoit sur un guéridon un charmant petit coffret en rocaille ; il le prend pour l'examiner de plus près, lorsqu'il est saisi tout à coup par deux hommes qui l'arrêtent *flagrante delicto* et s'emparent du coffret, du registre et du sac d'argent. Védel explique aux agents le but de sa visite et demande à voir Mlle de Luzy qui fera cesser le malentendu. Celle-ci appelée sort en tremblant de sa chambre, regarde avec effroi le caissier, que dans son trouble elle ne reconnaît pas, et s'en éloigne sans vouloir entendre aucune explication. Impatienté et ne pouvant comprendre ce qui se passe, Védel se décide à suivre les agents chez le commissaire de police, qui précisément se trouvait être de sa connaissance, lorsque

M. Quatremère arrive lui-même, suivi du concierge dont la figure était radieuse.

Après avoir salué M¹¹⁰ de Luzy et pris affectueusement la main de Védel, au grand étonnement des assistants, le commissaire demande où est le voleur arrêté.

— Mais, dit le concierge en indiquant Védel du doigt, qu'il n'osait approcher, le voleur, le voilà !

— Oui, c'est Monsieur que nous avons arrêté, ajoutent les agents.

— Lui ! un voleur ? Mais c'est le plus honnête homme que je connaisse, s'écrie le commissaire en éclatant de rire.

— Ce n'est donc pas un malfaiteur ? reprend M¹¹⁰ de Luzy, un peu rassurée.

— Eh ! non ; c'est moi le caissier du théâtre, et je vous apporte deux semestres échus de votre pension.

— Attendez donc..... Mais oui, je le reconnais maintenant, dit M¹¹⁰ de Luzy en se rapprochant, c'est mon bon ami Védel !..... et moi qui vous prenait pour un voleur !

Les agents renvoyés, Védel remet à M¹¹⁰ de Luzy l'argent qu'il avait apporté, lui fait signer son registre et sort avec M. Quatremère, riant encore du quiproquo qui avait failli envoyer le caissier de la Comédie en prison.

Trois ans après, M¹¹⁰ de Luzy mourait à l'âge de quatre-vingt-sept ans. Un service eut lieu pour elle à Saint-Sulpice. Le curé de cette paroisse y prononça l'éloge de l'artiste, en s'élevant contre les préjugés qui pèsent sur la classe des comédiens. Qu'on était loin de ce temps où, sur le refus de l'Eglise d'enterrer M¹¹⁰ Lecouvreur, l'astre du théâtre du xviii⁰ siècle, le corps de cette reine adorée était inhumé de nuit, au coin de la rue de Bourgogne, par deux portefaix !

Eh bien ! on ne se rappelle même plus aujourd'hui ces artistes qui ont rempli le théâtre de leurs noms et de leur talent, ces femmes qui ont dépensé tant de grâce, tant d'esprit, tant d'amour !

C'est que l'art du comédien est éphémère, il passe avec celui qui l'exerce. Tant qu'ils vivent, les acteurs sont recherchés, écoutés, admirés .... puis oubliés. Leur existence ne laisse aucune trace ; ils apparaissent tels qu'une ombre, et disparaissent de même. Et cependant, quelle vie plus active, plus agitée ? Le comédien joue jusqu'à minuit, étudie le matin, répète l'après-midi. Au théâtre, ses études sont incessantes; la scène ressemble à une fournaise ardente toujours en fusion; après une pièce jouée, une autre. Aussi les figures y sont étiolées, à peine si l'on y rencontre quelques visages frais, gracieux et reposés; les affections y sont nulles, l'amour n'y est qu'un désir et l'amitié qu'un mot, tant il y a de privations, de peines, de déceptions. Au commencement de sa carrière, le comédien est sans cesse haletant sous les créanciers; le milieu est marqué par la concurrence et les rivalités, et quand il a parcouru ce champ de bataille des passions et de la vanité, s'il en sort triomphant, ce n'est qu'à une époque où les grâces de la jeunesse ont depuis longtemps déjà battu en retraite, et alors il n'est pas d'outrages qui ne se commettent contre ces grands talents, ces éclatantes renommées. Qu'on se rappelle Mlle Mars, pour n'en citer qu'une. Jamais la société, dans ce qu'elle a eu de lumières brillantes, d'élégance exquise et de tact parfait, n'avait rencontré une expression plus vraie que celle dont Mlle Mars avait le secret. Eh bien! la calomnie, l'envie, le sarcasme et toutes les passions égarées ou méchantes n'ont-elles pas été soulevées contre ce passé glorieux, le plus beau souvenir de la scène française? Un jour, dans un auditoire choisi, le plus éclairé du monde intelligent, il s'est trouvé des hommes, ou plutôt un homme capable d'insulter à cette grande comédienne. Mlle Mars venait de jouer *la Suite d'un bal masqué* avec cette fraîcheur de voix, cette pudeur délicate, cette finesse d'esprit qui ne l'abandonnaient jamais, lorsque, au milieu des fleurs qu'on jetait à ses pieds, quelqu'un s'avisa d'y mêler une couronne d'immortelles noires.

Mlle Mars aimait avec passion le théâtre, le public, les applaudissements. « Comme nous jouerions bien la comédie, si nous tenions moins à être applaudis! » disait-elle à quelques amis qui venaient à chacune de ses représentations la visiter dans sa loge. Là, elle était toujours l'actrice.

Dans son salon, ce n'était plus qu'une femme du monde, une femme parée de toutes les ressources de son maintien, de son esprit et de sa voix, la dernière des grandes dames, comme on l'appelait. Elle y recevait, dans les derniers temps, un petit nombre d'amis; j'y ai souvent rencontré un auteur de romances, grand amateur de pêche, gourmand surtout, Coupigny, l'une de ses plus vieilles connaissances. C'est lui qui disait un jour de premier de l'An où elle s'était bornée à un serrement de main, comme de coutume : « C'est singulier, voilà plus de vingt ans que je dîne deux et trois fois par semaine chez Mlle Mars, et elle ne m'a jamais rien donné. »

Comme toutes les grandes dames, Mlle Mars aimait les diamants, et elle avait le plus riche écrin : c'étaient de brillantes parures, des bouquets, des épis, que lui avaient donnés des empereurs, des rois; c'étaient des chaînes d'or, des bracelets aux camées antiques, dont les populations enivrées lui avaient fait hommage dans ses voyages.

Un jour, on les lui vola; ce jour même, elle jouait Hortense, de *l'École des Vieillards*, ce rôle où elle se montrait éclatante de pierreries; elle y parut le soir sans diamants, dans une noble simplicité. Elle fut applaudie à trois reprises.

Les voleurs furent arrêtés, jugés et condamnés. Cette cause avait attiré au Palais un auditoire brillant, beaucoup de grandes dames surtout désireuses de voir Mlle Mars à la ville et de connaître son âge, resté jusqu'à ce jour une sorte d'énigme dont on voulait savoir le mot. Et quelle plus belle occasion que celle où, devant le tribunal, elle allait être obligée de répondre à cette inévitable question : « Votre âge? »

Elle parut. Quand on vit cette grâce si calme, ce maintien si décent, toute cette femme si peu apprêtée et si élégante, un murmure d'approbation s'éleva dans toute la salle. Le calme rétabli, le président l'interroge :

— Vos nom, prénoms et profession?
— Hippolyte Mars, actrice, sociétaire de la Comédie-Française.
— Votre demeure?
— Rue de la Tour-des-Dames.
— Votre âge?

Tous les yeux sont attentifs, toutes les oreilles écoutent. En ce moment, du bruit se fait entendre au fond de la salle; le président s'interrompt pour réclamer le silence et reprend aussitôt la terrible question :

— Votre âge?
— Mais, Monsieur le Président, ne vous l'ai-je pas dit?
— C'est juste, reprend le Président en souriant.

Et chacun se retira sans savoir l'âge de la comédienne.

La Justice lui rendit presque tous ses diamants, mais démontés et en fort mauvais état. Parmi les pierres qui manquaient, se trouvaient le bouquet de violettes qu'elle avait reçu à Erfurt et une bague précieuse, bague mystérieuse dont j'ai parlé quelque part, mais dont l'histoire est assez jolie pour la raconter encore.

Un jour, Mⁱˡᵉ Mars jouait le rôle de Madame Beauval, dans *Brueis et Palaprat*. Le dénouement de la pièce roule sur un très riche diamant dont la comédienne Mˡˡᵉ de Begusol fait le sacrifice pour sauver de prison deux auteurs arrêtés pour dettes. Au moment de la représentation, le régisseur remet à Mˡˡᵉ Mars le diamant de l'Administration, morceau de verre grossièrement enchâssé, qui doit sauver les deux amis, lorsqu'en rentrant dans sa loge, elle est fort étonnée de trouver sur sa toilette une petite boîte renfermant un diamant véritable, exactement semblable à celui qu'elle venait de quitter : c'était une pierre d'un très grand prix; un billet l'accompagnait et ne contenait que ces mots : « A Mademoiselle Mars, par un admirateur qui veut rester inconnu. » Qui avait apporté ce diamant? Personne ne put le dire. Que faire? le refuser était impossible; pas de signature au bas du billet... Elle rentre chez elle et le serre avec ses bijoux; il y resta longtemps sans qu'elle osât même s'en parer : des jours, des mois, des années se passèrent, elle n'entendit plus parler de l'admirateur inconnu..... Cette bague était, comme je l'ai dit, l'une des pierres qui lui manquaient lors du vol des diamants; Mˡˡᵉ Mars la regretta, y pensa quelque temps, puis elle l'oublia..... Un soir, seule dans la foule, sous le péristyle de l'Opéra, elle attendait que sa voiture pût avancer. Un homme, la figure enveloppée dans son manteau et qui la suivait, se trouva si près d'elle qu'il pût lui dire à voix basse et en lui serrant la main :

— Pensez-vous toujours à l'inconnu de *Brueis et Palaprat?*

— Oh! toujours! s'écrie l'actrice en se retournant vivement pour voir qui lui parlait..... Cet homme avait disparu.

Rentrée chez elle, l'esprit encore occupé de cette singulière apparition, elle ôtait machinalement son gant; tout à coup elle jette un cri..... elle avait au doigt le diamant qui lui avait été donné le jour de la représentation de *Brueis et Palaprat*..... Quant à son admirateur, il resta toujours inconnu.

Ce qu'elle ne retrouva pas fut le bouquet de violettes d'Erfurt; elle en eut un vif regret. Ces fleurs lui rappelaient l'époque la plus glorieuse de l'homme qui avait fait l'admiration de sa vie. L'Empereur avait eu toutes ses sympathies : dans sa gloire, elle avait applaudi à ses triomphes ; tombé, elle l'avait suivi de cœur dans l'exil.

C'est que Napoléon avait su distinguer la grande comédienne, et comme femme et comme actrice. Talma et Mlle Mars étaient les deux seuls acteurs qu'il aimait à entendre.

Aussi, quand au retour d'une campagne il passait quelques moments à Saint-Cloud, il était rare qu'il ne les fît point venir, ou qu'il n'allât lui-même leur rendre visite à Paris.

Un jour, en 1815, l'Empereur trouva une soirée à leur consacrer ; il alla au théâtre. Après le spectacle, un aide de camp vint dans la loge de Mlle Mars et lui remit un bracelet surmonté d'un camée antique que Sa Majesté la priait de conserver en mémoire de cette soirée et du plaisir qu'elle lui avait causé.

Ce fut son dernier présent, son présent d'adieu. Quelques jours après, à la veille de partir pour la campagne de Belgique, Napoléon passa une revue de ces régiments de la vieille Garde dont les savantes manœuvres firent si longtemps l'admiration des Parisiens. Ces soldats héroïques s'étendaient des Tuileries à la place du Carrousel, entourés d'une foule immense qui adressait des vœux au ciel pour la gloire de la Patrie. Une femme jeune encore, mise avec une élégante simplicité, se fit jour peu à peu à travers la foule, et, à force de prières et de douces paroles, elle était parvenue à ce petit espace de terrain compris entre les murailles des Tuileries ; et, prêt à monter à cheval, l'Empereur aperçut Mlle Mars, il s'approcha d'elle et lui dit avec une gracieuse bienveillance :

— Vous nous rendez, Madame, la visite que nous avons eu tant de plaisir à vous faire au Théâtre-Français.

Et il s'éloigna, laissant l'actrice trop émue pour pouvoir répondre.

Ces souvenirs, je les tiens d'elle-même ; elle aimait à se les rappeler et à les conter. Le 31 mars 1841, la plus grande comédienne des temps modernes faisait ses adieux au public dans Elmire du *Tartufe* et Sylvie des *Jeux de l'Amour et du Hasard*. Cet adieu fut triste et sublime à la fois, car il fut prononcé au milieu d'un triomphe.

VI

Le foyer de la Comédie-Française était renommé autrefois. C'est là que se réunissaient les plus rares esprits, que se fabriquaient les épigrammes, que se formulaient les jugements sur les pièces nouvelles. Le foyer était un véritable salon spirituel, littéraire (1) et charmant.

Les auteurs s'y donnaient rendez-vous, les acteurs s'y promenaient bras dessus, bras dessous avec les gentilshommes du Roi.

— Que fait donc Molé depuis un quart d'heure? demandait quelqu'un en voyant cet acteur hautain causer à l'écart, d'un air important, avec M. de Richelieu.

— Ne le voyez-vous pas? lui répondit-on, Molé est en train de protéger M. de Richelieu.

Une autre fois, Champcenetz, qui avait avec le marquis de Bièvre coutume de donner au foyer la petite pièce avant la grande, s'y trouvait au moment où Dugazon, entouré de grands seigneurs, disait :

— Nous autres, qui n'aimons ni le peuple, ni la canaille...

Champcenetz écoutait et répétait à voix basse :

— Nous ! Nous !

— Eh bien ! qu'est-ce que vous trouvez donc d'extraordinaire à ce mot? lui demande Dugazon.

— C'est le pluriel que je trouve singulier.

La Révolution et l'Empire avaient bien un peu changé ces mœurs de l'ancienne Cour.

La Restauration rendit presque au foyer sa physionomie primitive. Et, pendant cette époque, la Comédie vit encore bon nombre de beaux esprits et de grands seigneurs; mais quel silence dans ce salon si rempli, peu de jours avant, de causeries charmantes ! quelle tristesse sous ces lambris dorés !... Une révolution a de nouveau dispersé les fidèles. Peu d'acteurs, quelques vieux habitués, deux ou trois joueurs d'échecs, troublent seuls la solitude du foyer de 1830... Quelques années plus tard, en 1833, le foyer redevient à la mode; il fut de bon goût de s'y montrer dans la soirée.

Les nouvelles des Chambres, les bruits de la ville, les discussions littéraires y attiraient des députés, des hommes du monde, des écrivains, des artistes. Voici l'auteur d'*Agamemnon* et de *Pinto*, Lemercier, qui, par son talent et la noblesse de son caractère, était l'un des hommes les plus remarquables de ce temps; Jouy, le spirituel *ermite de la Chaussée-d'Antin*, l'ami et le chantre de *Tippoo-Saëb*, ce dernier nabab de Mysore, qui périt après une lutte héroïque dans Seringapatam, assiégé par les Anglais en 1799; le grand poëte lyrique Victor Hugo, Delaville de Mirmont, auteur du *Folliculaire*, prodigue de saillies et de bons mots; M. de Vigny, l'élégant traducteur de Shakspeare; Saint-Ange, ancien officier de l'Empire, sous-préfet dans les Cent-Jours, à Mont-de-Marsan, sous Harel, préfet des Landes, écrivain plein de savoir et d'instruction, pauvre, modeste, heureux, philosophe pratique, n'ayant jamais eu d'amour que pour les livres; l'auteur de *l'Ecole des Vieillards*, Casimir Delavigne, Alexandre Dumas, esprit novateur, ardent et fécond; Scribe, qui a fait plus de trois cents pièces et récolté plus de trois millions; Soumet, Frédéric Soulié.

Rangez-vous, faites place! c'est l'ancien grand maître de l'Université, Arnault, qui avait dit en parodiant un vers de Boileau:

L'ennui naquit un jour de l'Université.

Arnault, membre de l'Académie et auteur de quelques tragédies, avait été dans sa jeunesse secrétaire du comte de Provence, depuis Louis XVIII. Il racontait une foule d'anecdotes sur ce prince qui cherchait les succès littéraires et faisait de l'esprit sous l'anonyme, comme on en faisait au bal masqué sous le masque.

Il aimait, disait Arnault, à s'amuser de la crédulité des Parisiens, et ce fut lui qui fit insérer, en 1784, dans le *Journal de Paris*, un canard de sa composition, la description vraiment fabuleuse d'un animal fantastique trouvé dans le Chili par des chasseurs qui lui avaient donné le nom de harpie.

Devenu roi, Louis XVIII, ajoutait Arnault, n'eut rien de plus pressé que de reprendre ses petites habitudes littéraires; il envoyait des articles forts spirituels au *Nain jaune*, dont Arnault était un des rédacteurs, et c'était toujours pour se moquer de quelque grand seigneur de la Cour. Il est bien entendu qu'il gardait l'anonyme, mais avec le vif désir que son esprit le trahît et fît dire: « Voilà qui est bien méchant, ce doit être du Roi. » La collaboration royale n'empêcha point le grand maître de l'Université d'être exilé en 1815. C'est dans l'exil qu'il composa sa pièce *Germanicus*, dont la représentation fut le prétexte d'une collision politique et sanglante. C'est le 22 mars 1817 que fut donné cette représentation où les bonapartistes s'étaient rendus pour applaudir et les royalistes pour siffler.

Un épisode assez comique eut lieu avant l'ouverture de la salle. Une voiture arrive très difficilement du bout de la rue de Richelieu, à travers une foule compacte; le cocher veut se faire jour à coups de fouet lancés à droite et à gauche, il est renversé de son siège et foulé aux pieds.

Cette voiture était celle de Mlle Leverd, qui se rendait au théâtre avec un jeune officier de la garde royale, parvenu aujourd'hui aux plus hautes dignités de la Cour impériale et de l'armée. Mlle Leverd s'élance hors de sa voiture et supplie de la laisser passer, promettant de renvoyer le cocher qui avait osé insulter le public. En voyant cette actrice dans tout l'éclat de sa beauté, la foule applaudit, et la voiture arrive, menée par quelques jeunes gens qui s'étaient emparés des chevaux.

Dans ce moment, la salle est envahie, un silence profond a lieu, la pièce est jouée, et Talma, qui avait représenté Germanicus, nomme Arnault comme auteur de cette nouvelle tragédie. A ce nom surgit un vacarme effroyable et s'engage un véritable combat à coups de cannes. Un détachement de la garde royale arrivé sur le théâtre peut seul y mettre fin. Des duels furent la suite de cette soirée, d'où date l'interdiction des cannes et des armes dans le parterre des théâtres.

Mais qui est-ce donc qui rit de si bon cœur? C'est Jules Janin, le spirituel critique du *Journal des Débats*. Il entre en compagnie d'autres journalistes : Becquet, qu'on appelait le Bénédictin, tant il savait de choses; Hippolyte Fortoul, qui devait mourir ministre; Merle, d'un esprit si délicat et si fin; Jal, l'historiographe de la marine; Rolle, le bibliothécaire de la Ville; James Fary, aujourd'hui président du Conseil d'Etat de Genève, et Gentil, si connu par son mot sur Racine. Gentil avait hérité d'un oncle qu'il croyait fort riche et qui lui laissa pour tout héritage une bibliothèque ainsi composée : sur le premier rayon, les *Œuvres de Racine;* sur le second, les *Œuvres de Racine;* dans un autre format, sur le troisième, des *Racine* brochés, et sur le dernier, des *Racine* en feuilles. A cette vue, Gentil entra dans une noble colère contre l'auteur de *Phèdre*, et s'écria : « Racine n'est qu'un polisson. »

N'oublions pas Henri de Latouche, écrivain d'un rare mérite, qui venait de donner *la Reine d'Espagne*, cette singulière comédie que la femme du commissaire de police ne put entendre jusqu'au bout ; elle sortit de la salle avant la fin de la représentation, exaspérée, disait-elle, par tant d'immoralités... et, ajoute l'auteur dans sa préface, à la suite d'une querelle avec son amant, près duquel elle avait passé toute la soirée dans une loge grillée. Qui encore ? Charles Nodier, ce premier esprit du second ordre ; Etienne, l'auteur des *Deux gendres*, qui ont suscité tant de bruits à propos du manuscrit d'une comédie intitulée : *Conaxa* ou *les Gendres dupés*, attribuée à un jésuite de Rennes ; Mazères, qui avait composé avec Picard *le Jeune mari* et *les Trois quartiers*, et avec Empis, *la Mère et la Fille* ; Adolphe Dumas, poète original ; Creuzé de Lesser, l'auteur des *Chevaliers de la Table ronde* (1), mémoire charmante, causeur ingénieux ; Rosier, auteur du *Procès criminel* (2), observateur et doué de l'instinct qui fait les poètes comiques ; le vicomte d'Arlincourt, l'auteur de tant d'ouvrages à phrases contournées ou retournées ; il avait fait une tragédie, *le Siège de Paris* (3), qui n'eut que trois représentations ; le marquis de Custine, auteur de *Béatrix Cenci* (4), pièce qui fut lue aux acteurs sous les ombrages du beau parc du château de Catinat, à Enghien-Montmorency ; Guiraud, Duval, qui, avant d'être auteur comique, avait été marin, ingénieur, architecte, acteur et soldat ; Dupaty, qui avait débuté dans le monde par une action d'éclat. Le 1ᵉʳ juin 1794, lorsque le vaisseau *le Vengeur* venait de s'entr'ouvrir et que tout l'équipage sur le pont entonnait *la Marseillaise*, un jeune aspirant de marine, le dernier officier survivant, cloue au pied du grand mât le drapeau de la France dans la crainte qu'il ne tombe au pouvoir des ennemis et l'équipage entier disparaît dans les flots. Ce jeune homme, c'était Emmanuel Dupaty, qui fut sauvé par les Anglais et rendu à la France, dont il devint un des plus honorables et des plus spirituels écrivains.

Trois compositeurs célèbres, Rossini, Auber, Chérubini, passaient

---

(1) Poème publié en 1812.

(2) Comédie en 3 actes, en prose, représentée à la Comédie-Française, le 24 mai 1836.

(3) Représentée le 8 avril 1826.

(4) Tragédie représentée sur le théâtre de la Porte-Saint-Martin, le 21 mai 1833.

souvent quelques heures au foyer. Un jour que ce dernier, qui avait été fort malade, y revenait pour la première fois, chacun s'empressa de le complimenter.

Parmi ceux qui se trouvaient là, Chérubini aperçut un de ses amis qui depuis longtemps aspirait à sa succession de directeur du Conservatoire de musique, et qui, comme tout le monde, vient lui demander des nouvelles de sa santé :

— Oh ! mon cer, ze souis mal, très mal, répond le maëstro.

— Mais, Chérubini, vous êtes frais comme une rose.

— Ze te dis que ze m'en va, mon ami, ze m'en va, répète le malin vieillard ; ze n'ai plus que dix ans à vivre. »

Parmi ces hommes que le foyer me rappelle, il faut compter Horace Vernet, Decamps, Paul Delaroche, Robert Fleury, Camille Roqueplan, Gavarni et autres peintres encore qui avaient voulu s'associer à la gloire de Molière ; car c'est à cette époque que j'eus le projet de réaliser la pensée de M. Saint-Albin, oubliée depuis longtemps, d'élever un monument à Molière sur une des places publiques à Paris, et de fonder en même temps au théâtre un musée de tableaux représentant les principales scènes des chefs-d'œuvre de l'auteur de *Tartufe*. Déjà la commission était nommée ; elle se composait de M. de Broglie, président du conseil des ministres ; de M. le maréchal Gérard, grand chancelier de la Légion d'honneur ; de M. de Montalivet, intendant de la liste civile ; de Gérard, membre de l'Institut ; de Lemercier, Casimir Delavigne et Scribe, membres de l'Académie ; de Sanson, sociétaire, et du directeur de la Comédie.

Le foyer comptait aussi dans ce temps-là quelques grands seigneurs, les grands seigneurs du jour, des millionnaires, entre autres M. Paulée, l'un des plus riches financiers de Paris. Il habitait rue de la Chaussée-d'Antin, le magnifique hôtel de Mlle Guimard, de cette ravissante danseuse qui avait débuté dans les ballets de la Comédie-Française en 1759 et de là était entrée pensionnaire de l'Académie royale de musique où, en 1762, elle avait obtenu, comme premier sujet, un engagement *de six cents livres par an*. Peu de temps après, Mlle Guimard, qui avait gagné à la pointe de ses pirouettes sa réputation, sa fortune et le cœur du prince de Soubise, eut la fantaisie d'un hôtel au coin du boulevard. Ses architectes se mirent à l'œuvre, et bientôt une fête merveilleuse inaugura le temple de Terpsichore, comme on disait alors. C'est là que M. Paulée donnait des fêtes splendides où se trouvaient réunis des hommes de lettres, des artistes et les plus jolies femmes de cette époque. Compatriote de Mlle Duchesnois, qui était de toutes les fêtes, M. Paulée venait souvent avec un homme qui, dans ses dépenses, rappelait la magnificence des fermiers généraux, M. Riboutté, qui avait donné son nom à une rue de Paris et avait fait jouer l'*Assemblée de famille* (1) au Théâtre-Français. Fort épris dans sa jeunesse d'une délicieuse personne qui jouait les ingénues à côté de Mlle Mars, Mlle Lange, qui ne fit qu'apparaître sur la scène — il la conduit un jour dans une charmante villa qu'il avait fait construire pour elle. Des fenêtres de la chambre à coucher, il lui fait admirer une des vues les plus étendues que l'on puisse voir.

— Quel dommage! s'écrie l'actrice en apercevant une espèce de masure qui déparait ce tableau, qu'un petit bouquet de bois ne soit point à la place de cette malencontreuse ruine.

Et le lendemain, en se levant, Mlle Lange aperçut un joli bois venu la nuit comme par enchantement.

Voici Paul Demidoff, tout jeune encore et déjà protecteur des arts. Dans les mauvais jours de la Comédie, il avait avancé généreusement aux sociétaires 40,000 francs, dont il dota plus tard le théâtre. Ce fut lui qui paya 30,000 francs le tableau des *Enfants d'Édouard* de Delaroche (2). Paul était le plus jeune fils de M. Demidoff, Russe millionnaire qui habitait tour à tour Paris et Florence, et avait à sa solde une troupe de comédiens qu'on appelait la *troupe Demidoff*.

Il faisait jouer dans son palais de Florence la comédie, le vaudeville et l'opéra-comique. Un hôtel entier était réservé au logement des acteurs. Tous les soirs, il y avait spectacle; quoique infirme et souffrant, il s'y faisait conduire dans son fauteuil, d'où il ne bougeait pas; il se retirait de bonne heure, et le spectacle n'en continuait pas moins comme s'il y eût été. De ses deux fils, il ne lui reste plus que l'aîné, le comte Anatole Demidoff, l'un des plus riches propriétaires de mines de la Russie. Plus loin est Benazet, aussi millionnaire, ancien artiste de l'orchestre du Grand-Théâtre de Lyon; il avait fait fortune

---

(1) Comédie en 5 actes, en vers, représentée le 26 février 1808.
(2) Exposé au Salon de 1831, depuis aux Musées du Luxembourg et du Louvre.

dans l'exploitation des jeux. C'était le Mécène des artistes; au contrôle du théâtre, on ne l'appelait que *mon Prince*. Ce vieillard qui vient près de lui, c'est Boursault, dont la vie fut si aventureuse.

D'abord comédien, homme de lettres, puis membre de l'Assemblée législative et de la Convention après le 9 Thermidor, Boursault devint entrepreneur des poudrettes de Paris et plus tard fermier des jeux; ces deux entreprises jetèrent des monceaux d'or dans ses coffres. Grand horticulteur, il possédait des jardins et des serres dont la renommée était européenne; c'est lui qui le premier fit connaître l'*hortensia*, cette belle fleur du Japon, à laquelle il avait donné le nom de la reine Hortense. C'était un homme d'un esprit aimable et d'une aménité charmante comme Boursault, l'auteur du *Mercure galant*, dont il se laissait croire le petit-fils, quoiqu'il n'en fût rien; il avait travaillé pour le théâtre, et, deux ou trois ans avant sa mort, à l'âge de quatre-vingts ans (1), il fit jouer une tragédie.

Mais que direz-vous de cet homme gros, court, portant des bésicles d'or et qui se fait remarquer par sa voix de basse-taille? C'est un ancien droguiste de la rue des Lombards, Maille, le représentant de la bourgeoisie, capitaine de la garde nationale de son quartier, se disant neveu de Saint-Prix qui avait épousé sa tante, la veuve de Maille, le célèbre fabricant de moutarde. C'était à ce titre qu'il avait ses entrées au foyer. Amateur passionné du vieux théâtre, il ne disait jamais Corneille, mais *le sublime Corneille!* Racine, était « le tendre, le doux Racine »! et Voltaire! oh! Voltaire!... il s'arrêtait là. Contant les anecdotes les plus vulgaires, admirateur enthousiaste du *Soldat laboureur*, et habillant son jeune fils en artilleur; du reste, excellent homme, bon, serviable, dévoué, souscrivant pour tous les artistes malheureux, et toujours empressé d'offrir des bonbons à ces dames. Près de lui, regardez ce vieux directeur de spectacle! Esprit original, souriant toujours du sourire qu'il prenait pour recevoir les jolies femmes que le désir de jouer la comédie amenait jadis à son théâtre, il porte l'habit bleu barbeau, le gilet blanc, la culotte, les bas de soie et des souliers à boucles d'or. Causeur fort amusant, il ne manque ni d'esprit, ni de finesse: c'est le père Saint-Romain. Il avait été, sous

---

(1) J.-François Boursault-Malherbe mourut à Paris, en 1812.

le Consulat et sous l'Empire, directeur d'une troupe de comédie qui exploitait les départements de l'Ouest.

Venu à Paris à l'époque de la Restauration, il avait dû à la protection de M. le duc d'Aumont, premier gentilhomme de la chambre du Roi, le privilège du théâtre de la Porte-Saint-Martin, de cette salle qui fut bâtie pour l'Opéra en soixante-dix jours par l'architecte Lemoine, à la fin du règne de Louis XVI, et fermée sous l'Empire par décret impérial du 1er novembre 1807, qui supprima quatorze théâtres dans Paris. Homme habile, quoique entièrement illettré, Saint-Romain avait fait fortune; en peu d'années, il avait vu tous ses rêves réalisés, sauf un : il voulait la croix d'honneur. A quel titre? c'était là son embarras. Un jour enfin, tourmenté par cette idée incessante, il en parle à un auteur qu'il avait rencontré dans ses pérégrinations, à Rougemont, homme d'esprit et connu par une foule de productions charmantes; il lui fait part de ses vœux et aussi de la difficulté de les remplir.

— Tu te creuses la tête pour rien, lui dit Rougemont; n'as-tu pas couru la Vendée et le Morbihan pendant toute la durée de la guerre.

— Et j'ai même été assez heureux, lui répond le directeur, pour n'avoir été inquiété ni par les bleus ni par les blancs.

— Et tu cherches des titres? Ne t'ai-je pas rencontré plusieurs fois?

— Oui. .

— Eh bien! fais ta pétition, je l'apostillerai.

Le lendemain, Rougemont apostillait la pétition suivante :

« Je soussigné, Saint-Romain, directeur du théâtre de la Porte-Saint-Martin, demande la croix d'honneur. Il s'appuie sur les services qu'il a rendus pendant les guerres de Vendée et du Morbihan. A la tête de sa troupe, accourant dans toutes les villes où l'appelait l'autorité, payant partout de ses deniers, il a parcouru ainsi et traversé la Vendée et le Morbihan aux applaudissements des populations. »

Cette singulière pétition fut remise à M. le duc d'Aumont, et, peu de jours après, Saint-Romain était décoré.

Entendez-vous ces éclats de rire? C'est un jeune débutant qui vient de s'essayer dans *Tancrède*, un des rôles que Lafon jouait admirablement. Pour se dédommager de quelques sifflets, il entre au foyer suivi de ses camarades, qu'il fait rire par l'imitation parfaite des poses, des gestes et de la diction de Lafon. On l'entoure, on l'applaudit, lorsque Lafon lui-même, survenu pendant ce temps, lui dit après l'avoir entendu :

— Eh! que ne joues-tu toujours comme ça, mon bon? Tu ne serais jamais sifflé.

Lafon était un des fidèles du foyer; c'était un homme d'esprit, de mérite, un peu gascon (1); émule de Talma, il ne prononçait jamais son nom : il disait *l'autre* (2) en parlant du grand tragique. Dans *Cinna*, Lafon jouait Cinna quand Talma jouait Auguste. Un jour après la mort de Talma, on représentait *Cinna;* Lafon jouait Auguste pour la première fois. Comme il sortait de scène, un de ses amis l'aborde, le complimente en le mettant bien au-dessus de Talma.

— Tu me flattes, mon bon, répond le tragédien; et cependant l'autre avait un grand avantage sur moi, il avait un Cinna.

Ne quittons pas le foyer sans saluer ce vieillard presque centenaire assis au coin de la cheminée; c'est le doyen des auteurs dramatiques, Barré, le fondateur du Vaudeville en 1792.

Il a connu Voltaire et tous les grands écrivains du XVIIIe siècle; il parle encore d'une actrice de la troupe de Molière, Marie-Angélique Gassot (3), femme de Paul Poisson, entrée au théâtre en 1670 et morte en 1756, et qu'il a vue dans sa jeunesse. Il a vécu avec cette brillante pléiade d'artistes dont vous voyez les portraits dans ces cadres. Letrain, Brizard, Molé, Grandménil, Mlles Clairon, Bellecour, Dumesnil.

Aujourd'hui, il reste seul encore quelques jours, et vous ne le verrez plus : on ne court pas deux siècles à la fois.

Peu d'acteurs venaient au foyer, tandis qu'autrefois ils en étaient les hôtes habituels. C'est qu'autrefois les mœurs des comédiens étaient tout à fait différentes de ce qu'elles sont de nos jours : les acteurs s'attachaient surtout à prendre le ton et les manières des personnes de la Cour. Molé, qui vivait dans le monde, était regardé comme l'un des hommes les plus élégants de son siècle; Fleury, qui jouait la comédie sur les théâtres de société avec des jeunes gentilshommes

---

(1) Lafon était né à Lalinde, en Périgord.
(2) Prononcez : *l'otre.*
(3) Fille de Gassot du Croisy, le créateur du rôle de Tartufe.

d'alors, avait pris dans leur compagnie les manières distinguées et faciles qui faisaient disparaître l'artiste sous le grand seigneur. La comédie, il est vrai, n'était pas, comme à présent, une carrière ouverte au premier venu; il ne suffisait pas d'avoir la joue fraîche, la dent blanche, l'œil vif et noir pour se présenter au théâtre; on n'y entrait pas d'emblée sans études, sans travail; le public était plus sévère, la faveur moins répandue et les succès plus difficiles. L'art au théâtre est aujourd'hui un métier qui se transmet de père en fils, comme un fonds de boutique : aussi les comédiens, devenus spéculateurs, ne visent plus à la gloire, mais aux gros appointements (1). Le Conservatoire, cette presse d'intelligence, est le laboratoire d'où sortent ces nullités désespérantes, ces artistes obtenus par des procédés mécaniques.

Je dois dire quelques mots des artistes qui entrèrent à cette époque au Théâtre-Français.

J'engageai Bocage (2); je savais cependant que ses moyens dramatiques seraient souvent à l'étroit sur une scène où le drame moderne avait de la peine à se remuer à l'aise, je connaissais les difficultés qui m'attendaient; j'avais de plus à craindre la manie de l'acteur de se poser en homme politique; je me rappelais ce que m'en avait dit Harel, et Harel connaissait à fond Bocage. « Lorsque Lockroy, me disait-il, ne veut pas jouer, je lui reçois une pièce et il joue (3). Lorsque c'est le tour de Frédérick Lemaître, je vais le voir, je lui parle de sa femme, de ses enfants, je lui glisse un billet de 500 francs dans la main, et il joue. Mais pour faire jouer Bocage quand il ne le veut pas, il faudrait changer le gouvernement, et je ne le peux pas, moi. »

Son engagement suscita une foule de récriminations parmi les députés. Les pouvoirs parlementaires jouaient alors un grand rôle au théâtre; par opposition à Bocage, on exigea du ministre l'engagement d'une tragédienne classique. Une jeune fille m'est amenée un matin avec des recommandations inouïes; il ne s'agissait rien moins que de députés, de pair de France, de la Reine elle-même : c'était Mlle Maxime,

---

(1) Que dirait donc l'auteur aujourd'hui ?
(2) Pierre-Martini Tousez, dit Bocage (1797-1863), fut engagé à la Comédie en 1832.
(3) Lockroy était auteur dramatique; il a fait représenter de nombreux ouvrages et collaboré avec Scribe, Alexandre Dumas, Anicet Bourgeois, A. Arnould.

dont les comédiens ne voulaient pas. Je refusai d'abord ; mais bientôt le ministre me dit que de cet engagement dépendait l'adoption de telle ou telle loi par les Chambres ; un pair était venu le menacer de lui faire perdre trois voix à la Chambre haute si Mlle Maxime n'était pas engagée ; la députation de Maine-et-Loire en masse avait demandé au ministre l'engagement de Mlle Maxime, sous peine de refuser son budget ; enfin, la Reine désirait l'engagement de Mlle Maxime.

Je dus céder à de telles influences. Malheureusement, le public ne ratifia pas le jugement de si hauts et de si puissants protecteurs.

Un engagement qui se fit dans toutes les conditions voulues fut celui de Mlle Brohan (1), actrice du Vaudeville et la mère d'Augustine et de Madeleine, ces deux frais et gracieux talents de la Comédie. Mlle Brohan avait joué longtemps à l'Odéon ; c'était une artiste pleine de distinction : intelligence, amour de l'art, éducation, instinct dramatique, elle possédait tout. Sa santé et son organe qui déjà commençait à se voiler ne lui permirent pas de continuer de brillants débuts et privèrent bientôt le théâtre de l'une des interprètes les plus distinguées de Molière et de Marivaux.

Pendant que je cherchais ainsi à recruter de nouveaux sujets, le comité s'occupait de remplir les vides laissés dans la Société par les retraites de Cartigny, de Michelot, de Firmin, de Mlle Leverd (2). C'est à cette époque qu'eurent lieu les réceptions de Beauvallet, de Geffroy, de Régnier et de Mlle Anaïs Aubert (3).

Voici comment se fait la réception d'un sociétaire :

L'acteur qui, après ses débuts, a été admis comme pensionnaire à l'essai adresse au comité sa demande pour entrer dans la Société. Le comité délibère et reçoit à la majorité des voix. Procès-verbal est adressé au ministre, qui, en confirmant le choix du comité, fixe la part du nouveau sociétaire et la classe de son emploi. Il n'a plus alors qu'à donner son adhésion à l'acte social (4) pour faire partie de la Société.

---

(1) Suzanne Brohan débuta le 15 février 1831. — Voir les charmantes lettres à M. Delaunay dans le *Carnet* d'octobre 1893.
(2) 1831.
(3) 1832, 1835, 1835, 1832.
(4) Du 27 germinal an XII.

Le contrat social, on le voit, est le lieu définitif des sociétaires; c'est un acte assez curieux à lire. Là seulement on peut connaître le nom véritable, le nom de famille de beaucoup d'acteurs; car, depuis Molière, qui lui-même avait remplacé par un nom d'emprunt celui de Poquelin qu'il portait, c'est un usage chez les comédiens de se montrer en public sous d'autres noms que sous le véritable, soit qu'ils aient été guidés en cela par le préjugé, soit peut-être par la crainte d'un nom ridicule qui pouvait nuire à celui qui en était affligé. Ainsi, sur l'acte de société du Théâtre-Français, réalisé devant M⁰ Hua et son collègue, notaires à Paris, le 17 avril 1804, on trouve les signatures suivantes : Ja.-Ma. Boutet, dit *Monvel*; J.-B. Fauchard, dit *Grandmesnil*; J.-B. Albouy, dit *Dazincourt*; H. Gourgault, dit *Dugazon*; Jo.-Abr. Bénard, dit *Fleury*; Th. Foucault, dit *Saint-Prix*; F. Roussel, dit *Armand*; et Maynier, dit *Saint-Fal*; F. Becquerelles, dit Firmin; J. Pagnon, dit *Saint-Aulaire*; L. Baritzin, dit Monrose; J. de Brisebarre, dit *Joanny*. — Mᵐᵉˢ Boutet de Monvel, dite *Mars*; Jos. Raffin, dite Duchesnois; A. Saucerotte, dite *Raucourt*; El. Félix, dite Rachel (1).

Le nouveau sociétaire a droit alors à sa part de fonds subventionnels, au partage des bénéfices, à la jouissance de deux grandes entrées et d'un poste d'ouvreuse dont il peut disposer, à des entrées dites de famille et à la pension de 5,000 francs, après vingt ans de service.

Jusqu'à cette époque, les sociétaires retirés du théâtre étaient exposés à ne point jouir en paix de leur pension de retraite. Les créanciers pouvaient impunément frapper de saisie cette récompense due aux labeurs de toute une existence. Il s'agissait de mettre les artistes à l'abri de ces prétentions, de leur garder le pain qui doit alimenter leurs vieux jours : c'est le service que rendit le tribunal de première instance de la Seine. En décidant cette question en faveur des artistes du Théâtre-Français, le tribunal se fondait sur ce que, d'après les statuts de la Comédie-Française et les décrets de 1807 et 1812, les pensions accordées aux anciens sociétaires étaient de *véritables pensions alimentaires, incessibles et insaisissables.*

---

(1) Seuls, les noms *soulignés* figurent sur l'acte de germinal. Les autres ne sont entrés dans la Société que plus tard.

VII

Louis-Philippe, qui venait de ressusciter le palais de Fontainebleau, voulut l'inaugurer par des fêtes splendides. De nombreuses invitations avaient été envoyées à tous les grands personnages de la Cour, de l'armée et de la magistrature. Trois théâtres de Paris, la Comédie-Française, l'Opéra et l'Opéra-Comique, y avaient été conviés pour le mardi 5 août 1835. Des fourgons des Menus-Plaisirs, chargés de décors, de costumes et d'ustensiles de théâtre, étaient partis quelques jours auparavant, et les comédiens devaient se mettre en route le mardi de grand matin.

J'avais accepté une place dans la voiture de Mlle Mars et, sur l'invitation de Mlle Dupont (1) de nous arrêter à Morsang, où demeurait le père de la spirituelle soubrette, nous partîmes la veille et prîmes la route de Corbeil.

Nous arrivâmes de bonne heure à Morsang, humble hameau perdu dans ce long tracé de villas qui court de Choisy à Fontainebleau et dont on aperçoit d'assez loin le clocher rustique qui cache sa pauvreté sous un manteau de lierre. Nous fûmes reçus par M. Dupont (2), doyen des pensionnaires retraités de la Comédie-Française et maire du pays. C'était la première visite que faisait Mlle Mars à Morsang. Tous les artistes du théâtre de la rue de Richelieu étaient venus tour à tour s'asseoir à la table hospitalière du magistrat-comédien. On nous montra dans le bois de Ronjous, qui couronne le chalet de M. Dupont, un chêne sous lequel avait dîné Talma; l'arbre portait son nom : on avait voulu ainsi perpétuer le souvenir de sa visite au village. Le peuple de la campagne, nous dit M. Dupont, attache depuis ce jour une idée religieuse à ce nom. Ainsi une pauvre femme, venant à la rencontre de son fils que le recrutement avait appelé à Corbeil, le revit sans surprise porteur d'un bon numéro : « J'étais tranquille, dit-elle; j'avais été prier à l'arbre de saint Talma. »

---

(1) Denis Dupont, sociétaire retiré à Morsang, près Corbeil, n'était que le beau-père de Mlle Dupont, dont le vrai nom était Rougeault de la Fosse.

(2) Dupont avait pris sa retraite en 1803.

Nous passâmes une charmante soirée à Morsang, où nous trouvâmes le sculpteur Bosio et la marquise de Lacarte, sa fille, voisins de campagne de M. Dupont; Firmin (1), qui venait d'acheter une délicieuse villa au Coudray, sur la rive opposée de la Seine, où il exerce encore une douce hospitalité; l'imprimeur de la préfecture de police, avec sa jeune femme; Mlle Odille, charmante actrice retirée de la Porte-Saint-Martin, et le spirituel chroniqueur des prisons de Paris, Maurice Alhoy, venu de Sainte-Assise où il passait la belle saison. Le lendemain, nous étions sur la route de Melun. Maurice, que nous remmenions avec nous à Sainte-Assise, nous fit remarquer en rentrant à Seine-Port une ruine encore habitée par des arbres magnifiques : « C'est là, nous dit-il, tout ce qui reste de ce fameux pavillon Bouret, de ce monument de folie d'un courtisan de royauté. »

On sait que Bouret, riche financier du siècle dernier, sur l'annonce que le Roi viendrait chasser dans les environs, fit construire un pavillon pour le recevoir. Il y dépensa quatre millions, et Louis XV s'y arrêta une heure... Il y a eu une anecdote charmante dans la vie de ce financier. Jeune et pauvre, un jour il donna un blanc-seing à une jolie actrice de la Comédie-Française, en échange d'un peu d'amour. Riche et vieux, il reçut un matin le blanc-seing de sa jeunesse; voici les mots qui précédaient la signature : « Je promets d'aimer Mademoiselle Gaussin toute la vie, sous peine d'un dédit de quarante mille francs. » Bouret s'exécuta de la meilleure grâce du monde.

De Seine-Port à Sainte-Assise, il n'y a qu'un pas. C'est là, dans ce beau château, que le duc d'Orléans, le petit-fils du Régent, l'aïeul de Louis-Philippe, épousa secrètement Mme de Montesson, un des plus rares esprits de son temps. Auteur et poète, elle rivalisait comme actrice avec les plus grands talents de cette époque, et jouait avec une grâce charmante les petites pièces qu'elle composait. On cite d'elle un trait touchant. Pendant un hiver rigoureux, elle fit transformer les belles serres chaudes de Sainte-Assise en salles d'asile, pensant qu'il valait mieux laisser geler les orangers que les pauvres gens. Des réfectoires de charité y furent installés, et le théâtre du château y fut transporté. C'est ainsi que pendant tout un hiver elle nourrit à la

---

(1) C'est dans sa propriété du Coudray, près de Corbeil, que Firmin se retira en 1815, et où il mourut le 30 juillet 1859.

fois le corps et l'esprit de ce pauvre peuple au milieu duquel elle vivait.

De Sainte-Assise, nous arrivâmes promptement à Melun. Il y avait encombrement de voitures; la poste manquait de chevaux. Je m'étais précautionné heureusement d'un ordre du directeur général, sur lequel était écrit : « Service du Roi; » et les premiers chevaux qui arrivèrent me furent donnés, malgré les réclamations et les cris de tout ceux qui attendaient.

A cinq heures, nous entrions dans la cour du Cheval-Blanc, au palais de Fontainebleau. Mlle Mars et Mlle Dupont n'eurent que le temps de se rendre au théâtre où, peu de temps après, je fus les rejoindre. J'y trouvai tous les acteurs réunis au foyer. La salle était déjà remplie, une salle splendide, aux lustres étincelants de bougies. Là se tenaient, dans d'élégantes galeries, des deux côtés de la loge royale et faisant face au théâtre, les plus jolies femmes de Paris, les plus riches, les mieux titrées, éclatantes, éblouissantes de diamants.

On pouvait se croire un instant revenu aux splendeurs royales du grand siècle de la monarchie française; il semblait que Louis XIV, Mme Henriette d'Angleterre, Mlle de La Vallière, Mmes de Rochefort et de Brancas allaient figurer dans *le Sicilien*, ce petit acte charmant de Molière, représenté sur ce même théâtre en l'an 1667 (1). On se rappelait aussi ce jour de fête où fut donnée à Fontainebleau *la Princesse d'Élide* (2), comédie-ballet en cinq actes, commandée par Louis XIV. Molière eut si peu de temps pour l'exécuter, qu'il écrivit le premier acte en vers et les autres en prose, ce qui fit dire à un critique en parlant de la pièce et du Roi : « Il me semble que la Comédie n'ait eu le temps que de prendre un de ses brodequins, et qu'elle soit venue donner des marques de son obéissance, un pied chaussé et l'autre nu. »

A sept heures, le Roi et sa famille entraient dans la loge royale. Le spectacle se composait du *Chalet*, joué par les artistes de l'Opéra-Comique; du *Philtre*, par Nourrit et Mme Damoreau, et des *Fausses confidences*, par les acteurs de la Comédie-Française. Jamais Mlle Mars n'avait été plus charmante dans ce délicieux rôle d'Araminte. Elle

---

(1) C'est au château de Saint-Germain-en-Laye que fut donné *le Sicilien* en 1667.
(2) C'est aux fêtes de Versailles que *la Princesse d'Élide* fut donnée en 1664, et, quelques mois plus tard, elle reparut à Fontainebleau devant M. Legat.

semblait électrisée par le souvenir de la plus célèbre actrice d'un autre temps, Sylvia, qui, par un hasard singulier, avait joué ce rôle un siècle auparavant sur ce petit théâtre de Fontainebleau. Marivaux avait composé exprès ce rôle d'Araminte pour la belle actrice étrangère. Venue à Paris avec la troupe italienne, en 1716, Janetta-Rosa Benozi, dite Sylvia, y obtint un succès prodigieux.

Elle excellait surtout dans les pièces de Marivaux, qui écrivit pour elle la plupart de ses rôles. Un de ses biographes rapporte qu'elle joua pendant quarante-deux ans les rôles d'amoureuses avec la même vivacité, la même finesse, la même illusion. Ce ne fut que longtemps après sa retraite que les comédiens français transportèrent *les Fausses confidences* à leur théâtre (1), où le jeu de Molé et celui de Mme Contat les ont pour ainsi dire naturalisées.

A l'issue du spectacle, les artistes se mirent à table dans une vaste galerie du rez-de-chaussée du palais. Le souper fut royalement servi. Bientôt le vin de Champagne échauffa les têtes, délia toutes les langues et la conversation, qui jusque-là avait été retenue par la présence de hauts personnages, prit un ton plus vif, plus animé. La foule des invités ne tarda pas à encombrer les salons : ministres, députés, pairs de France, venaient gaiement et sans façon causer avec les artistes. Les comédiens du monde, les comédiens du théâtre se confondaient dans ce pêle-mêle. Nourrit chanta des couplets composés pour la circonstance par Vatout, le poète des châteaux royaux.

A minuit, l'Opéra-Comique quitta Fontainebleau et prit la route de Paris. La Comédie-Française et l'Opéra devaient jouer le lendemain devant de nouveaux invités.

M. de Montalivet, intendant général de la liste civile, avait gracieusement mis à notre disposition M. Jamin, alors employé du château dont il est aujourd'hui l'un des conservateurs, et qui apporta une complaisance sans bornes à tout nous montrer, à tout nous expliquer, dans ces lieux si remplis de souvenirs. Il nous fit visiter le parc et les jardins; le lac au milieu duquel Napoléon avait fait élever un petit pavillon où il aimait à réunir son conseil ; la galerie d'Hercule, où on trouve les rois, les princes, les artistes célèbres, les femmes

---

(1) Ce fut le 15 juin 1793 que *les Fausses confidences* entrèrent au répertoire de la Comédie-Française.

d'élite et tant de représentants des siècles passés ; l'appartement des Poètes, célèbre par le séjour qu'y fit Charles-Quint, et la galerie des Cerfs, où Christine fit assassiner son amant, son grand écuyer, le marquis de Monaldeschi.

On voit encore à Fontainebleau, au bout du parc, dans la petite église d'Avon, où sont les tombes d'Etienne Bezout et de Daubenton, une simple pierre sur laquelle sont gravés ces mots : « Monaldeschi, 1657. »

Cette histoire touchante de Monaldeschi me rappelle la première représentation du drame d'Alexandre Dumas : *Stockholm, Fontainebleau et Rome*, trilogie dramatique sur la vie de Christine, donnée le 30 mars 1830 au théâtre de l'Odéon. La pièce était en cinq actes, avec prologue et épilogue. Le spectacle commença à sept heures ; il était une heure du matin quand le rideau baissa sur le cinquième acte.

Jamais représentation n'a fini si tard dans le quartier. Aussi les spectateurs, craignant de ne pouvoir rentrer chez eux, faisaient un tapage effroyable et demandaient à grands cris l'épilogue, lorsqu'enfin le rideau se leva. C'était le moment où Christine, retirée à Rome et sentant sa fin prochaine, interrogeait son médecin pour savoir le temps qu'elle avait encore à vivre :

« *Il vous reste un quart d'heure.* »

A ces mots, un étudiant se lève, tire sa montre, et, debout sur une banquette du parterre, s'écrie : « Il est une heure et quart ; si à une heure et demie ce n'est pas fini, nous nous en allons ! » Un rire homérique accueillit ces paroles, et il fut impossible de terminer l'épilogue, qui fut supprimé à la seconde représentation. Le titre changé fut *Christine à Fontainebleau*.

M. Jamin nous fit tour à tour parcourir les galeries historiques de ce palais, où Louis XIV signa, en 1685, la révocation de l'édit de Nantes ; où mourut le grand Condé, en 1686 ; où se maria Louis XV, en 1725, avec Marie Leczinska, la fille du roi de Pologne ; où, en 1810, Napoléon, dans tout l'éclat de sa puissance et de sa gloire, séjourna avec Marie-Louise, et où, en 1837, fut marié le prince royal, duc d'Orléans, avec la princesse Hélène de Mecklembourg. Il nous montra la petite chambre où s'arrêta Pie VII lorsqu'il vint, en 1805, pour sacrer l'Empereur. « Dans une visite que fit le Pape à l'hôpital, nous dit-il, il était entouré d'une foule agenouillée qui lui demandait sa bénédiction. Un homme au visage chagrin se détourna pour se soustraire à la bénédiction pontificale. Le Saint-Père, s'approchant, lui dit avec douceur : « Ne fuyez pas, Monsieur; la bénédiction d'un « vieillard n'a jamais fait du mal. »

Nous étions arrivés dans la cour du Cheval-Blanc. « C'est ici, nous dit M. Jamin, que je vis pour la dernière fois l'Empereur. » C'était le 20 avril 1814. Ce jour-là, à une heure, Napoléon sortit de ses appartements pour descendre dans cette cour. Il avait autour de lui le duc de Bassano, le général Belliard, les colonels de Turenne, de Montesquiou, le baron Gourgaud, le baron Fain et d'autres encore. La vieille Garde, muette et immobile, pleurait en ce moment son empereur et ses aigles dont elle allait se séparer.

L'Empereur, pâle et triste, remercia ses soldats; puis il embrassa l'aigle impériale, il embrassa le drapeau, il embrassa le général Petit et il légua au monde le souvenir des *adieux de Fontainebleau.*

Le lendemain, le spectacle eut lieu comme la veille : on donnait *le Legs* et *le Comte Ory*, auquel on avait ajouté un pas dansé par Paul et Mme Montessu.

Cette fois, les autorités civiles et militaires du département avaient reçu des lettres d'invitation. C'était un spectacle assez curieux que de voir les maires de quinze à vingt communes, la plupart honnêtes paysans endimanchés, dont l'écharpe tricolore seule indiquait la qualité. Il y en avait un cependant qui semblait dominer tous les autres par sa tenue et par son aplomb surtout. C'était l'orateur de la troupe, homme de cinquante ans environ. Sa figure avait une sorte d'assurance comique, de fatuité mêlée de bonhomie qui le rendait original à voir. Son costume concordait avec sa physionomie : il portait une cravate de mousseline blanche dont les coins brodés lui pendaient sous le cou; son gilet de piqué blanc, boutonné carrément, descendait très bas sur un abdomen proéminent; il avait un pantalon bleu, des bas de soie blancs et des souliers à rubans flottants; son habit de drap bleu était à grands pans et à longues basques, et il portait deux chaînes de montre qui pendaient parallèlement. C'était, nous dit-on, M. Duval, ancien notaire à Melun, maire de Château-Landon, chevalier de la Légion d'honneur, l'un des plus riches carriers du pays.

— Pardieu! nous dit Desmousseaux, je connais cette figure-là, nous avons été en même temps maîtres-clercs à Paris ; c'était, autant que je puis me le rappeler, ce que l'on appelle un bon enfant.

Quelques instants après, nous vîmes paraître au foyer l'ancien notaire de Melun, enchanté de renouer connaissance avec son vieux camarade. A partir de ce moment, le maire de Château-Landon ne quitta plus les comédiens.

— J'ai été aussi un peu de la bohème, nous disait-il ; ce diable de Desmousseaux m'a fait jouer la comédie chez Doyen, et sans mon père, qui m'obligea d'acheter l'étude de maître Soupir, de Melun, je ne sais pas, ma foi, ce que je serais devenu ; mais je suis riche aujourd'hui et cela me suffit.

Nous laissâmes le successeur de maître Soupir dans le foyer, et nous fûmes dans les coulisses où nous attendaient quelques notabilités du ministère de l'Intérieur qui avaient été aussi invitées à cette soirée : Edmond Blanc, le secrétaire général du ministère, avocat et député ; Cavé, le directeur des Beaux-Arts, ancien rédacteur du *Globe* et auteur, avec Ditmer, des *Soirées de Neuilly*. Cavé avait été secrétaire général du ministère de la police, lorsque M. Thiers occupa momentanément ce poste. Depuis ce temps, Cavé avait suivi la fortune de son patron ; il était devenu directeur des Beaux-Arts, place qu'il ne quitta qu'à la République.

Là aussi était Rosman, le directeur de la comptabilité, l'homme le plus important du ministère, qui avait dans ses attributions la caisse des fonds secrets. C'était un homme de haute stature, aux allures tout à fait bourgeoises, et raffolant de la musique. Comme comptable, il avait le pied dans tous les théâtres royaux, et les artistes n'eurent jamais qu'à s'en louer. La manière dont il arriva est assez originale. C'était sous l'Empire. Rosman, quoique fort jeune alors, avait fait des études sérieuses de la comptabilité, et il était précisément entré au ministère de l'Intérieur, dans les bureaux entièrement en dehors de ses études, dans le cabinet même de M. le comte de Montalivet père, alors ministre de l'Empereur. Esprit net et concis, mais paresseux et dormeur outre mesure, il arrivait tard au bureau, et, fort peu occupé, il avait pris l'habitude d'y faire une sieste de deux ou trois heures ; c'était devenu un besoin pour lui. Placé dans un coin près de la cheminée, garanti par un paravent, il pouvait sans crainte se livrer à sa douce quiétude. Un jour, à l'heure de la sortie, les employés s'esquivent sans bruit et le laissent endormi dans son coin. M. de Montalivet venait de rentrer, l'Empereur lui avait demandé un rapport pressé; il sonne, personne ne répond. Impatienté, il entre dans le bureau et est fort étonné de n'y trouver qu'un grand jeune homme profondément endormi; il le réveille.

— Merci! dit Rosman, croyant parler à ses camarades, et il va pour prendre son chapeau, lorsqu'il reconnaît M. de Montalivet.

— Voici, lui dit le Ministre sans autre explication, un rapport à expédier. Il me le faut dans deux heures, vous n'avez pas de temps à perdre.

Et il laisse sur le bureau de l'employé ébahi un dossier assez volumineux. C'était heureusement une question de comptabilité; Rosman prend le dossier, le parcourt, se rend promptement compte de toutes les pièces qu'il renferme; bref, au bout de deux heures, il entre dans le cabinet du Ministre, son rapport à la main. Celui-ci le prend, le lit, le serre dans son portefeuille et congédie l'employé sans lui dire un mot. Le lendemain, Rosman, suivant son habitude, arrive tard au bureau. On lui fait remarquer sur sa table un pli cacheté dont la suscription était ainsi conçue : « Au dormeur d'hier au soir. » Rosman demeure anéanti. A peine s'il ose décacheter la lettre, qui doit lui annoncer à coup sûr sa destitution.

Il l'ouvre cependant et lit : « Sa Majesté l'Empereur accorde une gratification de 1,000 francs à l'auteur de l'excellent rapport sur la comptabilité des communes qui lui a été présenté hier, et Son Excellence le Ministre me charge de lui annoncer qu'il l'a appelé, par décision de ce jour, aux fonctions de sous-chef du bureau de la comptabilité générale. »

Depuis ce jour, Rosman ne quitta plus la comptabilité dont il devint le directeur, emploi qu'il conserva jusqu'à sa retraite. Et chose singulière, c'est que cette somnolence de sa jeunesse, ce besoin de sommeil que les occupations lui avaient fait perdre dans le cours de son administration, lui revinrent dans la vieillesse. On le trouvait souvent couché sur l'herbe, dormant au bois de Boulogne où il allait tous les jours se promener, et sa mort n'a été véritablement qu'un sommeil, car il s'endormit un soir, sur son fauteuil, pour ne plus se réveiller.

Edmond Blanc, Cavé et Rosman partirent le soir même avec la plupart des invités du jour. Le lendemain matin de bonne heure, la

Comédie-Française et l'Opéra reprenaient la route de Paris, pendant que Mlle Mars était allée faire ses adieux à Mme Mainvielle-Fodor, cette délicieuse cantatrice, retirée depuis quelques années à Fontainebleau, et qui savait écrire et chanter la plus ravissante musique.

Une heure après, nous étions sur la route de Melun, lorsque, à une lieue de Fontainebleau, nous entendons des cris partis de la forêt : « Arrêtez ! arrêtez ! » et au même instant un homme sort du bois et vient à nous en courant. La singularité de son costume ne pouvait nous inspirer aucune crainte : il portait une robe de chambre de basin blanc à grandes fleurs, retenue par une torsade en soie ; il avait sur la tête une calotte grecque et aux pieds des babouches brodées. C'était Duponchel, le directeur de l'Opéra, que ses voitures avaient oublié au château, et qui, n'ayant pu les rejoindre sur la route, avait fini par s'y arrêter, haletant et harassé.

Il y avait une heure qu'il attendait à l'ombre des hêtres une voiture hospitalière. Nous nous empressâmes de lui donner une place, et peu de temps après, nous arrivions à l'hôtel du Grand-Cerf, à Melun. En descendant de voiture, nous fûmes attirés par un roulement de tambour, et Duponchel ne fut pas peu surpris d'entendre annoncer une représentation extraordinaire où devaient paraître Nourrit et Mme Damoreau, Paul et Mme Montessu. Voici ce qui était arrivé. Une jeune et charmante actrice, orpheline recueillie et élevée par le chef d'orchestre de la troupe de Seine-et-Marne, avait une représentation à son bénéfice, ce jour même, sur le théâtre de la ville. Ayant appris l'arrivée des artistes de l'Opéra, le directeur avait engagé la bénéficiaire à solliciter leur concours. Nourrit et Mme Damoreau, Paul et sa sœur s'y prêtèrent de la meilleure grâce. Certains à l'avance du consentement de Duponchel, ils avaient accepté ; et voilà comme quoi le directeur de Melun faisait afficher et tambouriner la représentation par toute la ville. En ce moment, la bénéficiaire vint elle-même présenter sa requête à Duponchel, qui, d'assez mauvaise humeur encore de la longue course qu'on lui avait fait faire le matin, avait bien envie de refuser ; mais sur les instances de Mlle Mars, il accorda la permission demandée, à la condition que nous passerions la journée à Melun, où il voulait, disait-il, nous rendre l'hospitalité que nous lui avions donnée sur la route. Il fut arrêté que nous ne partirions que dans la nuit pour arriver de bonne heure à Paris. Nous entrâmes à l'hôtel, qui regorgeait de voyageurs. C'était un jour de foire, et beaucoup d'étrangers affluaient dans la ville. Nous y trouvâmes, installé de la veille, l'ancien notaire de Melun qui nous attendait. Il avait tout prévu, et malgré l'encombrement, nous fûmes reçus dans un très beau salon où était dressée une table chargée de vins, de fruits, de fleurs qui réjouissaient la vue. Le déjeuner fut extrêmement gai, plein de bonhomie et historié par les grosses plaisanteries de notre amphitryon.

Au sortir de table, Habeneck et les artistes parisiens se rendirent au théâtre pour répéter avec l'orchestre, que le directeur de la musique de l'Opéra s'était engagé à conduire. Nous profitâmes de ce moment pour aller faire une promenade dans la ville avec le maire de Château-Landon. Nous vîmes en passant l'emplacement où l'amant d'Héloïse, Abailard, poursuivi et harcelé de toutes parts, avait établi son camp et débitait à ses élèves ses leçons de rhétorique et de philosophie ; la maison où naquit et mourut Jacques Amyot, et celle où, moins heureux que le traducteur de Plutarque, fut arrêté le premier maire de Paris, Bailly.

La salle de théâtre, sans être jolie, était coquettement disposée. Le directeur y avait fait ajouter des lustres, des guirlandes de bougies qui faisaient resplendir des draperies de soie rouge. L'assemblée était nombreuse et choisie, et si l'on ne voyait briller ni diamants ni pierreries comme à Fontainebleau, au moins plusieurs jolies femmes, parées de fleurs, se dessinaient sur toute la bourgeoisie par le goût exquis de leurs toilettes.

Après une petite pièce jouée gentiment par la bénéficiaire, Nourrit et Mme Damoreau furent accueillis au bruit des applaudissements qui devinrent frénétiques. Quand finit le duo du *Philtre*, Paul et Mme Montessu, dans une scène de *la Fille mal gardée*, mirent le comble à l'enthousiasme général. Le théâtre fut inondé de fleurs et de bouquets.

Nous revînmes à l'hôtel où nous avions laissé Duponchel. Quand nous arrivâmes, nous trouvâmes la façade splendidement illuminée ; c'était une galanterie du maître d'hôtel. Duponchel avait fait dresser le couvert dans le grand salon donnant sur la place. Jamais metteur en scène n'avait su tirer un meilleur parti des moindres objets. Il y avait principalement un surtout de table qui, fait avec quelques vases, des candélabres et des corbeilles de fleurs et de fruits, était orné de feuillage. Le souper fut délicieux, lorsqu'au dessert un grand bruit se fit entendre; on sortait du spectacle. La place se couvre de monde attiré par les illuminations. Des airs du *Philtre* et du *Comte Ory*, joués sous nos fenêtres, nous annoncent une sérénade. C'étaient les musiciens de l'orchestre du théâtre de Melun qui avaient voulu remercier Habeneck et les artistes de l'Opéra. « Si l'on dansait, dit Duponchel. — Oui, dansons, répètent les convives. — Mais, des danseuses? — Des danseuses? s'écrie l'ancien notaire de Melun en jetant un coup d'œil sur la place. Je cours et je vous en ramène à l'instant. » Et déjà il était parti. Les tables sont enlevées, des banquettes, des chaises, des tabourets sont rangés aussitôt; l'orchestre vient se placer sur une estrade improvisée, lorsque le maire de Château-Landon entre triomphalement dans la salle avec la femme de son successeur, Mme Roguin, et une riche marchande de soieries, Mme Camusot.

Les dames de Melun se mirent franchement à la danse, et en peu d'instants, les quadrilles formés, on ne songea plus qu'à se livrer à la joie et à la folie de la circonstance.

Au moment où les lumières, la joie, la musique et l'entrain de la danse causaient une ivresse générale, les coups de fouets des postillons nous annonçaient qu'il était l'heure du départ. Nous prîmes la route de la capitale où nous arrivâmes à sept heures du matin.

VIII

Il y avait au Théâtre-Français un homme dont l'existence était assez curieuse : espèce de maître Jacques de l'endroit, il était à la fois secrétaire adjoint, second souffleur, archiviste et examinateur des manuscrits déposés au théâtre. C'était un garçon d'esprit et d'instruction, qui avait mené une vie des plus aventureuses; il avait été tour à tour clerc de procureur, comédien, professeur et homme de lettres. Soldat, il avait perdu un œil; comédien, il avait été sifflé; professeur, il était traité du haut en bas par le maître de pension et détesté par la maîtresse, qui le trouvait laid; homme de lettres, il n'avait jamais pu faire que des prospectus qu'on lui payait fort peu parce qu'il était pauvre; clerc de procureur, c'était son premier état. Il appartenait au genre de ceux qu'on appelle, dans les études, des saute-ruisseaux. Il se trouvait sous la domination du maître-clerc, dont les commissions et les billets doux l'occupaient tout autant que les exploits et les placets ; ce maître-clerc était Desmousseaux, qui, avant de se faire acteur, se destinait au barreau. Quelques années plus tard, sociétaire de la Comédie, Desmousseaux s'était rappelé son ancien saute-ruisseau devenu homme de lettres, et l'avait fait admettre au théâtre en qualité de secrétaire adjoint, second souffleur, archiviste et examinateur.

Cette multiplicité de fonctions l'occupait peu cependant. Le premier secrétaire, qu'on appelait le secrétaire du Comité, était un vieux garçon nommé Loraux, beau-frère du député Mauguin, qui ajoutait à cette fonction la place de conservateur de l'Odéon. Loraux venait une fois par semaine au Théâtre-Français, le vendredi, jour où se réunissait le Comité. Il était chargé d'inscrire sur les registres le procès-verbal des séances et d'adresser copie des délibérations à qui de droit. C'était, à peu de chose près, à quoi se bornaient les occupations du secrétariat.

Quant au premier souffleur, il y avait trente ans que le titulaire remplissait ces fonctions sans avoir été jamais malade, ni même indisposé. On comprend que le second souffleur avait peu d'occasions d'exercer son emploi, dont il s'acquittait, du reste, assez mal. Un jour Firmin, qui avait peu de mémoire, jouait dans une pièce nouvelle (1) le rôle de Camille Desmoulins. La scène était un tribunal révolutionnaire. Comme l'acteur était placé fort loin de la rampe, par suite de la disposition de la décoration, j'avais mis dans la coulisse et derrière lui le second souffleur avec un manuscrit. C'était au moment où le tribunal, sur le réquisitoire de Fouquier-Tinville, rôle que jouait Geffroy, venait de refuser la parole aux accusés. Camille, exaspéré, s'emportait en invectives contre l'accusateur public.

« Misérable !... s'écriait-il, scélérat de !... monstre de !... »

Le nom de Fouquier-Tinville ne lui venait point, et le pauvre souffleur, beaucoup moins occupé du manuscrit que de la figure de Gef-

---

(1) *Camille Desmoulins*, drame hist. en 5 actes, en prose, (de H. Blanchard et J. Mallien, représenté le 18 mai 1831.

froy, à ces apostrophes, s'apercevant tout à coup de l'embarras de Firmin, lui lance le nom de Geffroy ! Et Firmin de répéter :

« Monstre de Geffroy ! » — A ces mots, un rire homérique s'empare de toute la salle ; les acteurs eux-mêmes ne peuvent s'empêcher d'y prendre part, et l'acte le plus pathétique de la pièce finit par un long éclat de rire.

Les archives n'occupaient pas davantage l'ancien clerc de procureur. Elles se composaient de quelques livres, de rares manuscrits, entre autres une tragédie de Marivaux. Oui, Marivaux, l'homme des pointes et des antithèses, a fait une tragédie (1). On a joué de lui un *Annibal*. Mais son Annibal n'est qu'un vieux marquis retiré du monde ; le roi Prusias, un Cassandre ; l'ambassadeur de Rome, Flaminius, un vert-galant ; l'héroïne de la pièce, Laodice, une de ces jeunes femmes qui ont fait plus tard la fortune de l'auteur ; et Egine, sa suivante, une véritable Lisette... Ce que les archives possèdent de vraiment curieux, c'est la gestion complète de la troupe de Molière (2). C'est là que sont inscrites jour par jour les recettes et les dépenses. On y voit figurer une somme de 500 livres avancées à Racine, auteur de *Théagène et Chariclée*, pièce qui n'a jamais été jouée (3). On y voit que lors des représentations des *Précieuses ridicules*, le succès fut si grand que les comédiens portèrent à 15 sols le prix des places du parterre, qui jusqu'alors n'avait été que de 10 sols ; que *le Misanthrope* (4), joué seul, ne faisait pas au delà de 600 livres, et qu'il fallut y ajouter une comédie nouvelle, *le Médecin malgré lui*, pour maintenir ce chef-d'œuvre au théâtre. On y trouve les gratifications données par Louis XIV ; on lit à ce sujet la note suivante : « Le mardi 26 octobre 1660, *l'Etourdi* et *les Précieuses*, au Louvre, chez Son Eminence le cardinal de Mazarin, qui était malade dans sa chaise. Le Roy vit la comédie incognito, debout, appuyé sur le dos de la chaise de Son Eminence. Le Roy gratifia la troupe de 3,000 livres. »

On trouve encore au même chapitre des gratifications celles données par la troupe aux journalistes de cette époque : « Donné à M. Baron

---

(1) *La Mort d'Annibal*, tragédie de Marivaux, représentée le 16 décembre 1720, imprimée en 1727.

(2) L'auteur veut parler sans doute du *Registre de La Grange*.

(3) Ni imprimée.

(4) La première représentation fit 1,117 liv. 10 s. ; la deuxième, 1,617 liv. 10 s.

220 livres qu'on lui a avancées (1) pour M. de Visé (*Mercure galant*). »
C'est dans ces registres que sont énoncées les dettes contractées par les grands seigneurs qui avaient l'habitude de faire prendre des loges, qu'ils ne payaient qu'au bout d'une ou plusieurs années, quand ils les payaient. Le duc d'Orléans, le père du Régent, y figure pour une somme de 1,237 livres; le maréchal d'Albret pour 85 livres; M. de Caylus, 150 livres; le comte de Gramont, 375 livres; et beaucoup d'autres encore. On y trouve le partage des bénéfices faits et répartis chaque soir entre les sociétaires. On peut y lire les signatures de Béjart, Lathorillière, Lagrange, Duparc, Brécourt, Ducroisy, Champmeslé, Baron; de Mlles Duparc, Beauval, Debrie, Béjart et de tous les artistes de la troupe, à l'exception de celle de Molière que l'on ne trouve nulle part. On peut encore y constater le revenu que se faisait l'auteur du *Tartufe* du produit de ses ouvrages et de sa part sociale dans sa compagnie, revenu qui s'élevait de 15 à 20,000 livres par an, et qu'il porta jusqu'à 30,000 livres à partir de 1665.

Mais revenons au protégé de Desmousseaux, que cette fois nous allons trouver aux prises avec les manuscrits. Là, ce n'était plus le secrétaire, le souffleur, l'archiviste, promenant ses loisirs dans les foyers et dans les coulisses. L'examinateur devenait un mythe, un symbole, quelque chose d'invisible et de mystérieux.

Il portait ses arrêts dans l'ombre, nul ne le connaissait, et son existence n'était révélée que par les actes dont il frappait les jeunes auteurs. Le terrible examinateur n'a jamais rendu un manuscrit sans ce mot inévitable : *Refusé*.

La direction devait lui enlever ce dernier, ce seul travail, et il n'en resta pas moins secrétaire adjoint, second souffleur, archiviste, examinateur, et quelques années plus tard, pensionné par la Comédie.

Je m'étais fait un devoir de lire tous les ouvrages ; j'en ai beaucoup lu, et, je dois l'avouer, j'en ai peu rencontré qui fissent concevoir même une espérance. Un jour cependant, je fus surpris de trouver dans un manuscrit que m'avait remis un tout jeune homme un style brillant, passionné, éloquent parfois; le dialogue vif, spirituel, et le vers frappé souvent au coin du vrai poète.

---

(1) Il y a ici une erreur impardonnable de la part du directeur du Théâtre-Français : ce n'est pas comme journaliste, mais comme maître de musique que M. de Visé reçut de Baron ces 220 livres.

C'était un ouvrage écrit d'inspiration et d'intrigue, un sujet tiré des annales de Venise et déjà traité sans succès par Arnault : son titre était *Bianca*, autant que je puis me le rappeler. L'auteur avait fondé de grandes espérances sur son œuvre ; c'était tout un avenir pour lui. Je lui assignai une lecture au Comité, la pièce fut refusée. Mais, tout en ajournant l'auteur inexpérimenté, le Comité voulut encourager l'écrivain et lui accorda des entrées au théâtre.

Il était dans mon cabinet lorsque je fus lui annoncer ce résultat ; tout à coup, je le vois pâlir, s'affaisser sur lui-même et tomber sans connaissance sur le canapé où il était assis. J'appelle Marc, le médecin du Roi et l'ami des comédiens, qui passait des matinées entières au foyer et se trouvait là précisément. Il examine le malade, et me prenant à part : « Ce ne sera rien, me dit-il ; une défaillance, un jeune homme qui a besoin. »

Je lui fis donner tous les secours nécessaires et, bientôt remis, il m'avoua sa pénible position : pauvre et souffrant, il était venu lire son ouvrage sans avoir rien pris depuis la veille au matin.

« Plus d'espoir ! ajouta-t-il les larmes aux yeux ; et maintenant que faire, que devenir ? »

Je le rassurai, je lui promis que, d'après sa lecture dont j'allais rendre compte au ministre, il ne serait point abandonné. Je lui parlai avec tant de persuasion de la certitude où j'étais d'obtenir pour lui un encouragement qui le mettrait à même de continuer ses travaux, qu'il ne put me refuser la modeste avance que je lui fis. Il me quitta moins malheureux. Il était trois heures, je cours au ministère ; je trouve le directeur des Beaux-Arts prêt à entrer chez le ministre, je lui raconte en peu de mots ce qui venait de se passer.

Cavé me promet d'en parler à l'instant même et me prie d'attendre dans le salon. Dix minutes après, le ministre me faisait dire qu'il accordait un encouragement de 300 francs, et j'appris que, le lendemain, l'auteur avait reçu et touché le mandat du ministère.

Bien des années se passèrent, je ne le revis pas. Un jour, j'étais dans les bureaux d'un journal, lorsqu'un homme jeune encore, élégant, un ruban rouge à la boutonnière, y entra.

« Voici le rédacteur en chef, » dit un employé à quelques personnes qui attendaient.

Je fis un mouvement et j'aperçus l'auteur de *Bianca*. Il me regarda un instant, détourna la tête et entra dans son cabinet... Il ne m'avait point reconnu ou n'avait point voulu me reconnaître.

J'ai parlé de l'examinateur des manuscrits. Je dois faire connaître maintenant une corporation qui joue un grand rôle dans les théâtres, c'est la corporation des claqueurs, acteurs destinés à figurer en face de ceux qui jouent sur le théâtre; c'est un spectacle dans un spectacle. N'est-il pas plaisant, en effet, de voir deux ou trois cents paires de mains s'agiter en cadence, former un orage bruyant au milieu d'une assemblée que le drame et ses interprètes laissent souvent dans le calme plat de l'indifférence? Ces claqueurs, que l'on nomme indifféremment *Romains*, par suite de leur organisation à l'instar des légions romaines, et encore *chevaliers du lustre*, nom qu'ils doivent à la place qu'ils occupent généralement sous le lustre dans les salles de spectacles, avaient pour chef un nommé Vachette, ancien comédien, jeune encore, doué d'esprit naturel, poli et de bonnes manières. Sa mise était irréprochable : habit et pantalon noirs, cravate blanche, linge fin, épingle en brillants, solitaire au doigt et tabatière d'or; on l'aurait facilement pris pour le notaire ou l'agent de change de la Comédie.

Ce noble chef du lustre, ce roi du parterre menait la vie la plus confortable : il avait salon, boudoir à la ville et petite maison à la campagne; il donnait des fêtes, invitait les jeunes auteurs et les débutants à sa villa, où ils venaient à leur tour le complimenter et l'applaudir. Vachette assistait à toutes les répétitions, appréciait et jugeait suivant ses inspirations personnelles, et donnait ensuite ses ordres à ses lieutenants, chargés du service journalier. Pour lui, il ne paraissait que dans les grandes occasions, aux premières représentations et lors des reprises ou des débuts importants.

Vachette était classique, et que de fois, cependant, il soutint vaillamment les romantiques! C'était l'homme du devoir. Il avait une mémoire extraordinaire, savait le répertoire par cœur, connaissait toutes les répliques, toutes les traditions, et cependant il portait sur lui un portefeuille en maroquin rouge où étaient indiqués les passages à applaudir, ceux où l'on doit rire, les entrées, les rappels, et sur lequel aussi était écrit en lettres d'or : « Comédie-Française. »

Le théâtre donnait à la claque de vingt à trente billets par soirée pour soutenir la représentation.

Vachette recevait en outre des acteurs les billets de service auxquels ils ont droit toutes les fois qu'ils paraissent. Aux pièces nouvelles, il disposait de deux à trois cents places. Voici comment se compose le personnel de la claque, qui se forme d'*intimes*, de *lavables* et de *solitaires* : les lieutenants ou chefs d'escouade reçoivent une paye; les intimes ou claqueurs habituels entrent gratis; les lavables payent leur entrée à vil prix (*laver*, en terme d'argot de théâtre, signifie *vendre*; les lavables achètent donc leur billet 10, 15 et 20 sous); ils sont tenus de claquer, de rire, de s'exclamer au signal donné et de faire le service comme les intimes, et cela sous la surveillance des chefs d'escouade. Des amateurs, curieux d'assister aux premières représentations, payent leur billet au prix du bureau; ces amateurs obtiennent ainsi l'avantage d'entrer avec les claqueurs, par une porte latérale, avant le public; ils n'attendent point dans la rue, à la queue, et choisissent les places qui leur conviennent. Tout ce qu'on exige d'eux est de ne pas siffler; aussi, exempts de toute surveillance, ils vont se poster loin de la troupe vénale, qui les désigne sous le nom de *solitaires*, à cause de leur position topographique et de leur isolement. Toutes ces représentations rapportent au chef de riches tributs; les auteurs eux-mêmes déposent leur offrande sur cet autel de la gloire; plus d'un artiste lui paye en outre une redevance annuelle, et les débuts de chaque acteur lui valent des gratifications dont le chiffre se règle sur la prétention des débutants. La claque est aujourd'hui une branche d'industrie très lucrative; les charges s'achètent comme celles d'un notaire : je pourrais citer un chef de claque qui a payé la sienne 50,000 francs. Aussi n'est-il pas rare de les voir pressurer de toutes manières les pauvres artistes. Quant à Vachette, il tenait la sienne de la munificence de la Comédie, et la remplissait en véritable artiste. Il disait avec orgueil en parlant de Rachel :

« C'est pourtant moi qui l'ai commencée. »

Donnait-on une pièce nouvelle importante :

« Ce sera, disait-il, ma plus belle création. »

Un jour, l'Opéra vint jouer *le Comte Ory* dans une représentation à bénéfice. Après la pièce qui avait été couverte d'applaudissements, je le rencontre tout fier sur le théâtre, et il me dit du plus grand sang-froid :

« Quel succès! et cependant, je dois l'avouer, c'est la première fois que je conduis un opéra. »

Une autre fois, il assistait dans une loge à une représentation du répertoire; c'était un de ses lieutenants qui le remplaçait. Peu occupé de la pièce que l'on jouait, ses yeux étaient fixés sur le parterre avec une sorte d'ivresse. La claque exécutait, en effet, des roulements de mains avec une sagacité vraiment remarquable. La pièce terminée, Vachette rencontre son lieutenant :

« Je suis content, mon brave, lui dit-il, vous avez bien mérité de la Comédie; tout n'est pas perdu en littérature. »

Et il lui serra aristocratiquement la main.

C'était presque Napoléon disant à son armée, après une victoire : « Soldats! je suis content de vous. »

Voilà plus de quarante ans que Vachette exerce, il a vu passer devant lui toute l'ancienne Comédie, cette brillante pléiade d'artistes dont il reste encore des représentants, et cette vieille tragédie qu'il a vue mourir deux fois, avec Talma, avec Rachel.

Et cependant le rôle de chef de la claque était difficile : pressé entre les deux factions qui se partageaient le théâtre, aujourd'hui romantique et demain classique, ses applaudissements étaient comptés, et tout déficit pour l'un ou l'autre des partis était l'objet de réclamations et de plaintes amères.

C'est à cette époque que je remontai *Hernani* et que Mme Dorval joua le rôle de dona Sol créé par Mlle Mars.

— Je ne le jouerai pas comme la grande comédienne, disait naïvement Mme Dorval.

Mais elle exigeait comme elle les suffrages du parterre, et Vachette était dans l'obligation de faire pour Mme Dorval ce qu'il avait fait pour Mlle Mars.

— Rappellerai-je? me disait-il un soir.

— Faites ce que vous avez fait dans la nouveauté.

— Je rappellerai. Quant à la couronne, ajoutait-il, l'auteur la fournissait dans les premiers jours; mais, depuis, l'administration s'en était chargée.

— Qu'il en soit ainsi.

Ces couronnes coûtaient 3 francs la douzaine; et, le lendemain, les journaux annonçaient que Mme Dorval, sublime dans dona Sol, avait été rappelée par le public, et qu'au milieu des fleurs et des bouquets jetés de toutes les loges, une couronne d'immortelles était tombée à ses pieds.

Il y avait encore à la Comédie un homme qui tenait déjà depuis longtemps l'emploi de chef de comparses : ce sont des personnes, hommes et femmes, qui représentent le peuple dans la tragédie. Blanvallet était un ancien premier rôle tragique de province; il se nommait Floridor alors et faisait les beaux jours des Marseillais. Fort entendu en matière de théâtre, il savait le nom, l'époque, la date des débuts de tous les artistes depuis Molière. Au Théâtre-Français, son emploi était de réunir des comparses, qu'il prenait le plus souvent parmi les soldats de la garnison, et des figurantes, qui avaient bien les plus vilaines figures que l'on pût voir.

— Où allez-vous chercher les femmes que vous amenez ici? lui disais-je un jour; elles sont toutes d'une laideur remarquable.

— Les jolies se garderaient bien de venir au Théâtre-Français, me répondit-il; pour se faire connaître, il leur faut les Italiens, l'Opéra, et ces théâtres nous les renvoient ensuite belles, brillantes et avec du talent. Combien de nos grandes actrices n'ont-elles pas commencé ainsi? Mlle Duclos, figurante à l'Opéra, passa à la Comédie en 1693 et devint cette grande tragédienne que vous connaissez; Mlle Quinault, Mme Sallé, Mlle Gauthier, danseuses, quittèrent l'Opéra en 1714 pour la Comédie; Mlle Dufresne, sœur cadette de Mlle Quinault, figurante dans le ballet, entra à la Comédie en 1718, sous le nom de Quinault-Dufresne : c'était une femme d'un esprit original ; elle avait réuni dans un même cadre les portraits de Molière et de Bourdaloue; on lisait au bas cette suscription : « Les deux plus grands prédicateurs du siècle. » Un jour, le duc de Chaulnes avait fait peindre sa femme en Hébé; fort embarrassé de savoir comment il se ferait ajuster pour que son portrait servît de pendant à celui de la duchesse, Mlle Quinault lui dit : « Faites-vous peindre en hébété. » Nous avons encore Mlle Dangeville, qui quitta la danse pour se faire comédienne en 1730. Mlle Cléron, qui chantait en 1743, changea l'orthographe de son nom en changeant de théâtre; elle signa : Clairon, tout en conservant le sobriquet de Frétillon qu'elle portait à l'Opéra. Mlle Luzy, Mlle Lachassagne, Mlle Compain figuraient à la Comédie-Italienne. C'est Mlle Compain qui apprenait un rôle pendant le temps que son coiffeur employait à la friser et à lui poser ses plumes. On ne cite qu'une mémoire pareille : Mlle Dauvilliers (1), qui d'actrice devint souffleuse à la Comédie-Française; elle savait par cœur toutes les pièces du répertoire. De nos jours, Mlle Candeille, Mlle Lange, Mlle Leverd figuraient à l'Opéra.

— J'admire votre érudition, M. Blanvallet, mais tout cela ne me dit pas comment font les autres théâtres, où je vois de fort jolies figurantes... la Porte-Saint-Martin, par exemple, et cependant on m'a dit que le directeur ne les payait pas.

— Oh! le directeur de la Porte-Saint-Martin est un homme de génie; il mériterait des récompenses nationales pour la manière dont il soutient et gouverne son spectacle depuis tant d'années, au milieu d'écueils où tout autre se briserait. Quant à ses figurantes, non seulement il ne les paye pas, mais il a trouvé le moyen de leur faire donner une redevance; c'est une singulière histoire. Un jour, M. Harel réunit ses jolies comparses et leur adresse l'allocution suivante :

« Mesdemoiselles, je vous ai admises à figurer sur le premier théâtre de Paris, celui de la Porte-Saint-Martin, honneur à nul autre pareil. Sans vous obliger à revêtir les habits du magasin, je vous ai autorisées à vous fournir vos costumes, afin qu'une louable émulation vous engageât à faire assaut d'élégance et de parure. J'ai fait plus : j'ai décidé que vous seriez considérées comme artistes et que vos noms seraient inscrits sur l'affiche; et cependant, fières de votre indépendance, triomphantes de ne toucher aucune récompense pécuniaire, vous allez mener joyeuse vie à Saint-Cloud, à Asnières, à l'île Saint-Denis. L'heure du spectacle va sonner : « Qu'importe! dites-
« vous, vive la liberté! le directeur ne saurait nous mettre à l'amende
« sur des appointements qui n'existent point. » Cette excuse, indigne d'artistes qui se respectent, prive chaque soir le théâtre d'un nombre toujours trop grand de princesses et de bergères. Votre nouvelle position comme artistes me fait un devoir de mettre un terme à cet abus déplorable. En conséquence, j'ai décidé qu'une somme de mille francs serait déposée par chacune de vous dans la caisse de l'administration pour subvenir aux amendes que le régisseur pourra vous

---

(1) Victoire-Françoise Poisson, femme du comédien Nicolas Dorné d'Auvilliers, fut en effet actrice au Marais et à Guénégaud, et resta comme souffleuse à l'Ancienne Comédie jusqu'au 16 novembre 1718. Retirée à Saint-Germain-en-Laye, elle y mourut le 12 novembre 1733.

imposer à l'avenir; elle sera du moins un garant de votre exactitude. Les reines du théâtre, Mlle Georges et Mme Dorval, obéissent à cette loi; vous y soumettre comme elles, c'est vous élever à leur rang. » Toutes déposèrent la somme demandée. Oh! M. Harel est un homme de génie.

IX

Depuis longtemps, Scribe et Casimir Delavigne me pressaient d'engager Mme Volnys (1), dont les succès avaient fait bruit au Gymnase. J'avais eu plusieurs conférences avec elle et je l'attendais pour signer son engagement.

Une seule chose avait arrêté jusque-là Mme Volnys. Elle avait, en jouant la comédie, parcouru presque toute l'Allemagne, ce pays où la croyance aux sciences occultes, l'astrologie judiciaire et la divination règnent sur les grandes intelligences; il n'était pas extraordinaire que, enfant encore, Léontine se soumît à cette puissance du merveilleux. C'était en Allemagne qu'un jour une tireuse de cartes lui avait prédit ses succès sur un théâtre de Paris, à une époque où elle était loin d'y penser. Diverses prédictions accomplies plus tard l'avaient affermie dans sa croyance. Elle ne faisait rien sans, au préalable, consulter l'oracle, et cet oracle était Mlle Lenormand. Elle venait m'annoncer qu'elle avait rendez-vous avec elle le même jour, et me priait de remettre au soir notre dernière réunion.

J'avais rencontré quelquefois Mlle Lenormand chez son neveu, Alboise, homme de lettres, mort il y a quelques années. Désireux de la voir chez elle, au milieu de tous les appareils de la magie, je proposais à Mme Volnys de l'y accompagner. Elle accepta, et nous partîmes aussitôt pour le faubourg Saint-Germain.

Mlle Lenormand demeurait rue de Tournon, dans un appartement situé au rez-de-chaussée, qu'elle n'avait pas quitté depuis son arrivée à Paris, en 1789, et où elle mourut en 1843. L'entrée donnait dans la cour de la maison, on y parvenait par un perron de trois marches. De l'antichambre on passait dans un très grand salon décoré de colonnes et de bustes aux quatre angles; beaucoup de gravures, de ta-

---

(1) Léontine Fay.

bleaux, parmi lesquels on remarquait un fort beau portrait en pied de la sibylle : c'était le salon d'attente. A tour de rôle, chacun était introduit dans un salon plus petit garni de meubles élégants et où régnait une sorte de désordre artistique. Des tableaux de choix, des vases de porcelaine du plus grand prix étaient çà et là sans symétrie; des coupes en vermeil de formes différentes, des bronzes de toute espèce couvraient entièrement une longue table en bois sculpté. Quelques livres richement reliés étaient pêle-mêle sur un bureau d'ébène, et sur la cheminée se trouvaient une pendule de marbre noir et de fort beaux candélabres. C'est là qu'assise dans un fauteuil, devant un guéridon chargé de cartes et de tarots, et la tête couverte d'une toque bizarre, la pythonisse rendait ses oracles depuis près d'un demi-siècle.

C'est dans ce sanctuaire que Mlle Lenormand a plus d'une fois reçu Bonaparte et Joséphine; c'est là qu'elle donnait audience aux avocats, aux savants, aux artistes, aux militaires même qui allaient lui acheter de l'espérance, de la force et du courage.

Elle était seule quand nous arrivâmes; elle nous reçut avec beaucoup de grâce, me parla de son neveu qu'elle voyait rarement, et nous montra un album curieux où elle avait fait peindre le portrait de tous les grands personnages qui étaient venus la consulter; puis, ouvrant un tiroir du petit meuble d'ébène placé près d'elle, elle en tira plusieurs médaillons enrichis de diamants : c'étaient les portraits de l'empereur de Russie, de l'empereur d'Allemagne, du roi de Prusse, de Wellington, et jusqu'à celui du grand hetman des Cosaques. On eût dit que les chefs de la coalition de 1815 s'étaient donné rendez-vous chez la sibylle du faubourg Saint-Germain.

Je pris congé de Mlle Lenormand, et je retournai au théâtre. Il y avait une heure au plus que j'étais rentré quand Mme Volnys y arriva, pâle, défaite, la figure renversée; ses premiers mots furent :

« Les cartes ont parlé, je suis toute à vous. »

Et son engagement fut signé à l'instant même.

— Que vous a donc prédit Mlle Lenormand ? lui demandai-je en la reconduisant à sa voiture.

— Ma destinée est écrite : des succès au théâtre, mais jalousies, rivalités, une rupture prochaine avec mon mari, un voyage lointain dans un pays du Nord, et..... Oh ! c'est affreux. — Et ses larmes ne lui permirent pas d'achever.

— Bah! lui dis-je en souriant, il ne faut croire que ce que les cartes annoncent d'heureux.

Peu d'années s'étaient passées et déjà une partie de la prédiction s'était accomplie : les succès, la rupture avec son mari, le voyage en Russie, où elle est encore. Quant aux choses sinistres dont elle n'a jamais parlé, la vie heureuse qu'elle mène aujourd'hui, la considération dont elle jouit, la douceur et la bonté de son caractère donneront à coup sûr un démenti à cette dernière prédiction de l'oracle de la rue de Tournon.

Le lendemain de l'engagement de M⁰⁰ Volnys, Casimir Delavigne lisait aux acteurs *Don Juan d'Autriche*, comédie en cinq actes et en prose. Jusque-là, Casimir n'avait écrit qu'en vers. Depuis quelque temps, sa santé s'était altérée et le repos lui était prescrit. Il possédait une charmante villa en Normandie, où il s'était retiré. Située près de Vernon, sur un coteau dominant les replis et les sites de la Seine, la Madeleine, avec ses jardins qui descendaient jusqu'au fleuve, ses longues allées d'arbres, prolongées encore par celles de la forêt d'Eu, offrait une retraite délicieuse au poète; et cependant l'inaction qui lui avait été prescrite lui était pénible. Comme il s'en plaignait un jour à son frère, Germain l'engagea à composer une comédie en prose, entreprise qui lui imposerait moins de travail et de fatigue. Il accueillit avec joie cette idée et, au milieu de souffrances continuelles, il écrivit *Don Juan d'Autriche*. Dans tout son théâtre, il n'a laissé que deux pièces en prose, *Don Juan* et *le Conseiller rapporteur*, comédie en trois actes, représentée quelques années plus tard.

Ce fut au retour de la Madeleine qu'il donna *Don Juan d'Autriche*. Le succès de cette vive et charmante comédie prouva de nouveau toute la flexibilité du talent de l'auteur. Firmin, Samson, Ligier, M⁰⁰ᵉ Anaïs Aubert s'y montrèrent pleins de grâce, de bonhomie, de vigueur et de gaieté. M⁰⁰ Volnys y obtint ses lettres de naturalisation. La mise en scène était splendide; les décorations étaient dues à de jeunes artistes : Feuchères, Diéterle, Séchan et Despléchin, qui, pour la première fois, mettaient en commun leur talent et leurs pinceaux. Les costumes avaient été dessinés par Devéria, ce peintre charmant dont le talent était si facile, la nature si sympathique : ce fut le dernier travail qu'il fit pour le théâtre. Nommé conservateur de la Bibliothèque Impériale, tous ses moments furent consacrés aux devoirs de sa charge, et c'est là qu'il mourut il y a peu de jours, emportant les regrets de ceux qui l'ont connu.

Les journalistes furent unanimes dans leurs éloges de *Don Juan*. C'était une chose rare que l'unanimité des journaux à une époque où les opinions littéraires étaient tout aussi tranchées que les opinions politiques. Cette unanimité servit prodigieusement le succès de la pièce.

La presse, en 1835, avait conservé une partie de cet ascendant, de cette puissance de direction qu'elle exerçait sous la Restauration; elle faisait souvent encore le public. Directeur de théâtre depuis longtemps, j'avais étudié et compris la puissance des journaux, et je me trouvais lié d'amitié avec les principaux rédacteurs. C'était Carrel, jeune officier qui avait quitté l'épée pour la plume et qui dirigeait *le National* qu'il avait fondé; il aimait le Théâtre-Français et Corneille était son idole : il ne manquait pas une représentation de *Cinna*, l'une des rares tragédies qui se jouaient alors; Jules Janin, du *Journal des Débats*, dont le feuilleton sans façon, vif, alerte, moqueur, était goûté même après ceux de Geoffroy et de Duvicquet; Avenel, du *Courrier Français*, homme plein d'instruction et de bienveillance, aujourd'hui bibliothécaire à Sainte-Geneviève; Léon Pillet, qui, du *Journal de Paris*, arriva à la direction de l'Opéra, puis au consulat de Nice qu'il gère en ce moment; Loeve-Weymars, du journal *le Temps*, et qui mourut consul à Bagdad; Guillemot, qui quitta *le Commerce* pour la direction de la Dette inscrite; Charles Reybaud, du *Constitutionnel*; Merle, de *la Quotidienne*; Armand Marrast, de *la Tribune*.

Marrast était antipathique à la Comédie-Française; le profond publiciste, l'écrivain sérieux, le futur président de l'Assemblée nationale, passait toutes ses soirées aux Variétés : il aimait, il adorait Odry; pour lui, Odry seul était un acteur.

Condamné par la Chambre des pairs et réfugié à Londres, Marrast revint une fois secrètement à Paris pour y passer un seul jour, et, le soir, il assistait dans une loge grillée à la représentation des *Saltimbanques*.

Plus tard, — j'étais alors directeur des Variétés et Marrast dirigeait *le National*, — le bruit se répand qu'Odry se retire du théâtre.

« Comment diable laissez-vous partir Odry! m'écrit-il aussitôt. C'est une honte! *Le National* voulait en masse vous adresser une pétilion pour le conserver, et j'espère bien que *le Charivari* ouvrira une souscription pour donner à la France le portrait de Bilboquet..... Gardez Odry! je vous en supplie, en mon particulier, avec toute l'ardeur d'un homme qui ne saura plus rire si Odry lui manque. J'ai prié Rolle de jeter mille fleurs et mille couronnes sur ce grand acteur qui s'en va. Mais, si vous êtes pour quelque chose dans sa retraite, nous vous attaquerons, nous vous maudirons! Brûlez le Théâtre-Français, l'Opéra et l'Opéra-Comique, si vous voulez, mais conservez cette perle d'Odry. Où trouveriez-vous à le remplacer? Et Flore, que va-t-elle devenir sans cette moitié qui la complète? Vous perdez d'un coup Odry entier et la moitié de Flore.

« J'ai voulu vous écrire exprès, et un de nos rédacteurs m'en a offert l'occasion en venant me prier de demander pour lui trois places; accordez-les : vous n'avez nulle part des admirateurs aussi dévoués qu'au *National*, depuis le dernier prote jusqu'au rédacteur en chef qui vous serre la main.

« Armand MARRAST. »

Quelques années plus tard, Odry s'était retiré. Armand Marrast était président de l'Assemblée nationale; je le rencontrai un jour.

— Et Odry, me dit-il en m'apercevant, vit-il toujours?

— Odry, lui répondis-je, est aujourd'hui fonctionnaire public. Odry, propriétaire et retiré à Courbevoie, était membre du conseil municipal de cette commune.

C'est une chose assez curieuse que le goût des vieux comédiens pour les fonctions municipales. Il n'est pas un seul théâtre de Paris qui n'ait fourni des maires, des adjoints, des membres de conseils municipaux aux villes et aux communes de France. Et aujourd'hui encore, l'un des vétérans de la municipalité est un vieux comédien du théâtre de la Gaîté. Narty, qui, depuis vingt-cinq ans, est maire de Charenton.

L'engagement de Volnys suivit de près celui de sa femme. Volnys, ancien acteur du Vaudeville, ne manquait ni d'intelligence, ni de tenue, ni même d'une certaine élégance, malgré des gestes anguleux et souvent exagérés; mais il était loin de posséder cette diction nette, pure et sentie, cette chaleur, cette grâce, cette aisance indispensable pour l'emploi des premiers rôles auxquels il se destinait. Ses débuts eurent lieu dans Alceste du *Misanthrope*, rôle qu'il avait choisi lui-même. Il n'eut aucune des qualités qu'exige ce rôle ; il s'y montra convenable, mais froid, et ne sut même pas dire le fameux couplet :

> Si le roi m'avait donné
> Paris, sa grand'ville... etc.

Lorsque Molé jouait ce rôle, et qu'il disait pour la seconde fois ce couplet que l'on faisait toujours répéter, l'effet en était saisissant : il pleurait et faisait pleurer son auditoire.

J'assistais à cette représentation du *Misanthrope* où jouait l'élite de la Comédie et, pour la première fois, je fus frappé de ce mélange grotesque, de cette bigarrure d'habits les plus ridicules. En effet, Alceste, Oronte, Acaste, Philinte, Clitandre portaient des habits du temps de Louis XV et de Louis XVI ; et Eliante, Célimène portaient naïvement sur la scène des robes, châles, ajustements d'après le *Journal des Modes* publié dans la semaine. Ces costumes d'une autre époque exigeaient des changements dans le texte de l'auteur. C'était faire perdre à nos anciennes pièces ce qu'elles ont d'historique et de monumental, et priver ainsi le public du charme des souvenirs. La comédie est la véritable image de la société, des mœurs, des usages, du costume d'un siècle déjà loin de nous. On observe le costume avec une rigoureuse exactitude quand il s'agit d'une pièce nouvelle, pourquoi n'en pas faire autant pour les anciens ouvrages? J'en parlai au père Guiaud, sociétaire déjà connu de mes lecteurs, et qui se mêlait beaucoup du magasin : Guiaud avait fait une étude spéciale du costume des xviie et xviiie siècles. Je le priai de s'occuper activement de cette partie importante de la mise en scène ; et bientôt après, par ses soins intelligents, *le Misanthrope*, *Tartufe*, *l'Avare*, *les Précieuses* revêtaient les habits de leur époque, fidèlement taillés sur les modèles de l'ancien temps. Ces diadèmes de toile et de dentelle, ces coiffes appelées *commodes*, reparurent sur la tête de Madelon, de Marianne. La *commode* était ainsi nommée à cause d'un tour de cheveux peignés et frisés dont elle était garnie ; elle servait de perruque aux femmes et, en la posant sur leur tête, elles étaient coiffées à l'instant et complètement. Les seigneurs portèrent de nouveau le *jupon*, reprirent les rubans, les canons, les dentelles, et les vers de Molière frappèrent juste alors :

> Vous pourriez bien ici, sous votre noir jupon,
> Monsieur l'huissier à verge, attirer le bâton.
> (*Tartufe*, acte V.)

J'avais engagé depuis quelque temps une jeune fille dont je tairai le nom : c'est une dame, une grande dame aujourd'hui. Elle sortait des chœurs de l'Opéra; la beauté de sa figure, de sa voix, sa taille élevée et pourtant gracieuse m'avaient fait espérer plus tard un sujet distingué pour la tragédie, abandonnée depuis la mort de Talma. Malheureusement, le peu d'intelligence qu'elle montra pour la scène la retint dans l'emploi des confidentes. Mlle Mars, qui aimait à donner des conseils aux jeunes actrices, frappée des avantages physiques de cette belle femme, voulut lui faire travailler quelques rôles. Un jour, elle lui faisait répéter une tragédie où l'héroïne de la pièce est délaissée par son amant, qui part pour aller combattre les ennemis; dans une scène où cette amante abandonnée essaie sur son infidèle le pouvoir de ses larmes, elle lui dit :

> Il faut donc me résoudre à ce départ funeste!
> Soutenez une guerre où vous serez vainqueur;
> Mais pour moi seule, ici, conservez votre cœur :
> C'est l'unique bonheur, le seul bien qui me reste.

Après plusieurs leçons données, l'écolière ne rendait point encore ce passage avec l'expression de tendresse que sa maîtresse exigeait.

— Pénétrez-vous bien de la situation, lui dit Mlle Mars, mettez-vous à la place de l'amante. Si vous étiez abandonnée par un homme que vous aimeriez avec passion, que feriez-vous?

— Ma foi, répond-elle, j'en chercherais bien vite un autre.

— En ce cas, nous perdons toutes deux nos peines, réplique Mlle Mars.

Et la jeune et belle femme continua à jouer les confidentes. Un jour, cependant, elle préféra aux joies du théâtre, aux amours du pays natal, un Russe, un boyard, qui lui apporta un nom, un titre et un million de rentes. C'est le seul *quine* sorti depuis cinquante ans à la Comédie-Française. On en cite un entre autres fort original, et qu'on croirait être un mariage de comédie : celui de Mlle Candeilh, actrice charmante et auteur de *la Belle Fermière*. Elle était en représentation à Bruxelles avec la jolie Mlle Lange, aussi du Théâtre-Français. Un jeune homme appartenant à la famille Simons, maison noble et riche de la Provence, voyageait en Belgique. A Bruxelles, il voit Mlle Lange, en devient éperdument amoureux, demande sa main et l'obtient. Le père, furieux que son fils veuille épouser une actrice, arrive pour s'opposer à ce mariage; il s'informe de la demeure de la comédienne et se fait conduire chez elle avec l'intention bien arrêtée de la traiter comme le méritent ces sortes de femmes. M¹¹ᵉ Lange n'y était pas; M¹¹ᵉ Candeilh était seule. Au nom de M. Simons, celle-ci comprend tout de suite le motif de la visite et le rôle qu'elle doit jouer : elle se lève, salue gracieusement, et son premier regard est un défi.

M. Simons, fort gêné devant cette politesse exquise, ce langage si pur, cet esprit si fin, ne trouvait pas un mot; plus son embarras augmentait, plus M¹¹ᵉ Candeilh déployait de grâce, de séduction, de coquetterie; bref, dès la première visite, M. Simons est complètement subjugué, désarmé : il tombe aux pieds de l'actrice, et deux mariages se firent le même jour.

Ce fut cette année 1835 que les théâtres de société, dont l'existence et la vogue avaient fini avec la Restauration, reprirent faveur à Paris.

L'hôtel Castellane rouvrit ses salons et son théâtre, le faubourg Saint-Germain suivit cet exemple. Comme aujourd'hui, la manie de jouer la comédie s'était répandue; on y représentait des proverbes, et ceux de Théodore Leclercq avaient toujours la vogue dans les salons de la haute aristocratie. Quant à l'hôtel Castellane, les gentilshommes et les grandes dames qui s'y donnaient rendez-vous voulurent rivaliser avec les comédiens. Aux proverbes, aux scènes dramatiques, succédèrent de véritables comédies du répertoire : *le Jeu de l'Amour, les Fausses Confidences, le Legs,* etc. Michelot, retiré du théâtre depuis 1831, professeur au Conservatoire, était en quelque sorte le directeur de ces jeux de la scène de l'hôtel Castellane, et, dans un autre salon de la place Vendôme, chez M. de Saint-Martin, homme aimable, fort riche et recevant beaucoup de monde, Michelot, par son aisance, sa grâce et ses manières distinguées, était devenu l'âme de ces salons; il plut tellement que, durant une maladie qu'il fit, toute la bonne compagnie envoya demander des bulletins de sa santé, comme s'il s'était agi d'un prince. Son médecin lui ayant ordonné de boire du meilleur vin possible, deux caisses de vins excellents lui furent apportées le même jour. C'est à cet acteur qu'arriva une aventure assez plaisante, que je donne telle qu'elle m'a été racontée.

Michelot tenait alors l'emploi des premiers rôles; c'était au moment de la retraite de Fleury. Un soir, il venait de jouer Almaviva du *Mariage de Figaro*, lorsqu'à sa sortie de scène on lui remet ce billet : « Si vous avez autant de galanterie que vous avez montré ce soir de distinction et de noblesse sous le costume d'Almaviva qui vous sied à ravir, montez à l'instant dans une voiture qui vous attend à la porte. Ne changez pas de costume, on tient à l'illusion. » Malgré l'étrangeté de la proposition, Michelot accepte l'aventure.

En une minute, il est dans la voiture; en une heure, il est dans une charmante maison de campagne, où bientôt il devient le plus fortuné des Almaviva.

Le matin de bonne heure, il songe à la retraite; une femme de chambre lui ouvre discrètement une petite porte du parc qu'elle referme sur lui, et voilà Michelot dans la campagne. Par une fatalité inouïe, il était tombé pendant la nuit un verglas des plus inusités. Transi de froid, il prend le premier chemin qui se présente, arrive à la barrière, où il pense trouver une voiture... Pas de fiacres, pas de coucous, pas de cabriolets, pas le moindre véhicule. Force fut au malheureux artiste de regagner la rue Richelieu, à pied, en toque à plumes, en manteau castillan, en maillot et en souliers de satin, glissant à chaque pas sur le pavé. Il traversa ainsi la moitié de Paris aux yeux des passants que divertissait fort *cette mise andalouse*, et ne rapportant de sa bonne fortune qu'une onglée, un rhume et le souvenir d'une femme dont il n'a même jamais su le nom.

J'avais beaucoup entendu parler du théâtre de la place Vendôme : Michelot me proposa de m'y présenter; il choisit une matinée où l'on répétait une comédie en trois actes de Picard, qui demandait une certaine mise en scène. Nous arrivâmes au moment où l'on allait commencer le second acte; c'était précisément l'acte embarrassant. Le théâtre représentait un jardin avec un orchestre de bal; c'était un jour de fête; beaucoup d'invités étaient réunis, déjà les quadrilles étaient formés, lorsque éclate un orage épouvantable qui force tout le monde à rentrer, sauf deux jeunes amoureux qui, à l'abri d'un parapluie, n'avaient trouvé que ce seul moyen de se parler, jusqu'au moment où, la foudre éclatant, met le feu à l'orchestre et les oblige à s'éloigner.

Le vent, la pluie, la grêle, les éclairs, le tonnerre jouaient un grand rôle dans cette scène qui, sans accessoires, manquait totalement d'illusion. Les comédiens et M. de Saint-Martin lui-même ne savaient que faire. Je me chargeai de les tirer d'embarras, et le lendemain, armé de mécaniques que j'avais fait faire par le machiniste des Français, j'arrivai à la répétition.

On sera peut-être curieux, dans un moment où de tous côtés on joue la comédie, de savoir comment se font ces petites choses qui aident tant au succès dans les théâtres. — La pluie et la grêle sont parfaitement imitées par de petites pierres agitées dans une vanne mécanique. La neige se reproduit au moyen de petits fragments de papier blanc et d'ouate jetés à foison du haut du théâtre; le vent qui s'introduit par les coulisses leur imprime une oscillation précieuse. A l'aide d'une roue montée comme celle d'un rémouleur, garnie d'un nombre suffisant de palettes en bois, larges de sept à huit pouces, coupées carrément, et d'un taffetas en demi-cercle tendu vers la partie supérieure de cette roue et touchant aux palettes, en tournant la manivelle on obtient un sifflement pareil à celui du vent. — Des torches de lycopode, enflammées et agitées, imitent la lumière vive, instantanée des éclairs.

Un grand châssis de tôle, vivement secoué, imite le roulement lointain du tonnerre, pendant qu'un homme placé au fond du théâtre tient une longue corde où sont enfilées de nombreuses rondelles de tôle qu'il agite par intervalles, et qu'il laisse tomber tout à coup sur le parquet lorsque la foudre doit éclater. — Pour l'incendie, on dispose une partie de la décoration de manière à ce qu'elle puisse se diviser en morceaux, comme les cartes de géographie collées sur du bois et découpées, qu'on donne aux enfants pour les exercer. Des hommes placés derrière agitent de grandes torches de lycopode; d'autres poussent avec de longs bâtons les pièces mobiles dont la chute forme des trous par lesquels on voit le foyer de l'incendie. Ce brasier est représenté par une toile sans fin, demi-transparente, couleur de flammes et parsemée de clinquant; elle est tendue entre deux cylindres que l'on fait tourner avec une manivelle; et derrière cette rampe à réverbère donnant une lumière vive, on a soin de tenir les autres parties de la scène dans l'obscurité.

Après avoir disposé toutes mes mécaniques, placé aux différents postes les ouvriers du théâtre, on répéta généralement.

Cette fois, l'acte eut un succès d'enthousiasme. Quelques jours après, dans une grande soirée que donna M. de Saint-Martin, la pièce fut représentée au milieu de l'étonnement et des applaudissements. J'étais à mon poste de machiniste en chef, lorsque tout à coup, au moment où la scène parut enflammée et que l'on vit ces morceaux détachés de l'orchestre du bal, on crut le feu au théâtre.

Les spectateurs, les acteurs même furent saisis d'un tel effroi, que je n'eus que le temps d'accourir et de rassurer tout le monde; et, faisant entendre aussitôt le sifflet du machiniste, le feu s'éteignit sur-le-champ, et l'on vit une nouvelle décoration représentant la salle de bal ornée de fleurs, de guirlandes, de girandoles, et l'on put à l'instant même commencer le bal qui devait finir la soirée.

X

Les représentations bourgeoises avaient augmenté le nombre des habitués qui venaient sur le théâtre pendant les entr'actes et même pendant les représentations. On y voyait souvent alors de hauts fonctionnaires, des ministres protecteurs des artistes : M. de Rambuteau, préfet de la Seine, protecteur de Mlle Noblet (1); M. d'Argout, directeur de la Banque, protecteur de Mlle Noblet; le général Claparède, gouverneur de Paris, protecteur de toute la famille Noblet; en un mot, une affluence assez considérable pour encombrer les coulisses. Malgré toutes les précautions, je craignais les accidents dans les changements de décoration; je redoutais à chaque instant qu'un *arbre*, sortant du dessous, n'accrochât quelques basques d'habit, qu'un châssis denteIé poussé vivement ne prît quelqu'un au traquenard, qu'un ouvrier du cintre ne campât un *nuage* sur le dos du préfet de la Seine, qu'une *trappe* n'engloutît le directeur de la Banque, ou qu'une *ferme* s'élevant tout à coup entre les jambes du général, ne le forçât à chevaucher jusqu'aux *ciels*.

Une ordonnance de police qui parut à cette époque, et qui défendait l'entrée des coulisses à toutes personnes étrangères au service du théâtre, vint me tirer d'embarras. Force fut aux protecteurs de se réfugier dans un salon fort éloigné de la scène; c'est là que se tien-

---

(1) Alexandrine Noblet avait débuté à la Comédie-Française le 10 juin 1829 et venait d'y rentrer le 16 mai 1833.

nent les assemblées des sociétaires, les Comités d'administration et de lecture ; et, puisque nous arrivons au Comité de lecture, permettez-moi de vous en dire quelques mots.

Au temps de la monarchie absolue, où le plaisir de la scène était purement aristocratique, les riches seigneurs aimaient les comédiens et vivaient volontiers en leur compagnie. Ils se préoccupaient beaucoup du théâtre ; que ce fût pour le charme du spectacle, que ce fût pour courtiser des comédiennes, ils avaient leur loge dans la salle, leurs entrées sur la scène, et ils se trouvaient mêlés à toutes les intrigues des coulisses. Protecteurs des lettres, ce n'était souvent qu'à leur sollicitude que de jeunes littérateurs devaient de se faire connaître.

A cette époque, les auteurs célèbres lisaient leurs ouvrages dans les salons, devant une assemblée d'élite, et de là ils passaient sur la scène, sans autre examen. La Comédie n'avait point encore de Comité de lecture. Une pièce d'un auteur inconnu ne pouvait arriver que sous le couvert d'un de ces grands seigneurs, qui la remettait à tel ou tel acteur, et, sur l'avis de ce dernier, la pièce était ou non agréée. Malheureusement, les acteurs lisaient peu et faisaient souvent attendre les grands seigneurs, qui s'en vengeaient quelquefois.

Un jour, un marquis haut placé présente le drame d'un jeune auteur à Molé, qui promet toute sa protection à l'ouvrage nouveau. Le marquis lui remet le manuscrit, élégant rouleau entouré d'un ruban qui lui sert de lien. Six mois se passent. Le marquis revient chez Molé pour savoir ce qu'il pense de l'ouvrage de son protégé :

— La pièce est admirablement écrite, dit l'acteur, le sujet est original et les caractères tracés avec une grande observation du cœur humain. Ce jeune homme ira loin, mais il faut qu'il étudie les chefs-d'œuvre, qu'il suive nos représentations, qu'il travaille pour acquérir cette expérience de la scène, sans laquelle, vous savez bien, Monsieur le marquis...

— Ce que je sais bien, répond le marquis en l'interrompant, c'est que vous n'avez pas lu la pièce.

Et déroulant le manuscrit, il lui montre les pages d'un cahier de papier blanc qu'il n'avait pas même délivré de son lien.

Racontée à la Cour et à la ville, cette aventure fit du bruit, et devint le sujet d'une pièce représentée sous le titre d'*Une matinée d'un comé-*

dien de *Persépolis*, que Molé put aller voir afin de juger de la vérité du portrait.

De ce moment, les comédiens ne voulurent pas laisser à *un seul* à juger les auteurs ; ils formèrent un *Comité d'examen* composé des principaux acteurs ; tous les auteurs n'y comparurent pas d'abord ; la plupart des ouvrages étaient lus par des lecteurs de la troupe. Molé et Monvel, par le charme de leur élocution, la séduisante mélodie de leur voix, acquirent une telle réputation dans ces lectures, qu'ils firent recevoir à l'unanimité des suffrages une foule de pièces que le public sifflait quand elles arrivaient au théâtre. La Comédie leur fit défense de lire à son Comité d'examen.

C'est à partir de cette défense que tous les auteurs, indistinctement, furent admis à lire eux-mêmes leurs ouvrages. Cet usage s'est continué, et, comme alors, le Comité est encore composé d'acteurs et d'actrices, mais nommés par le ministre. Tout auteur qui compte un ouvrage représenté sur un des théâtres subventionnés a droit de lire à la Comédie-Française.

De tout temps, on s'est beaucoup préoccupé des Comités ; les hommes de lettres ont toujours prétendu qu'ils devaient être jugés par leurs pairs, et non par des comédiens inhabiles à apprécier le mérite littéraire d'un ouvrage et disposés à se laisser influencer par de bons ou mauvais rôles ; et, vers la fin de la Restauration, le ministre exigea des *Comités mixtes* pour le premier et second Théâtre-Français.

L'Odéon eut un Comité tout littéraire. Harel, directeur alors, qui n'immisçait jamais les acteurs dans l'administration, avait refusé de les faire entrer au Comité ; mais il manœuvra si bien, que, peu de temps après sa formation, il y avait fait admettre son notaire, adjoint de la mairie, le colonel de la garde nationale du quartier dont lui-même était chef de bataillon, les deux capitaines de son bataillon, le secrétaire et le caissier du théâtre. Ce Comité dura peu et Harel resta seul un matin ; il ne s'en trouva pas plus mal. Au reste, sa méthode de réception était assez originale.

— La lecture des pièces doit vous prendre un temps énorme ? lui disais-je un jour.

— Moi, je n'en lis jamais, me répondit-il : toutes les pièces qui m'arrivent, je les mets dans un sac, je remue, je tire, et le premier manuscrit qui me tombe sous la main est le bon; j'ai toujours réussi.

Il y fut pris cependant une fois. Il avait tiré du sac une comédie en quatre actes de Merville, intitulée : *l'Antiquaire*. Il lit la pièce, la trouve charmante, fait passer la nuit pour copier les rôles, et, le lendemain, Merville vient lire aux acteurs. Duparay, le plus ancien acteur de l'Odéon, jouait le rôle de l'Antiquaire. Le sujet de cette comédie roulait sur une marque de fabrique trouvée sur un vieux vase que l'Antiquaire soutenait être un vase romain, d'après l'explication qu'il donnait des lettres composant la marque du fabricant. Merville, ancien comédien, lit avec beaucoup de gaieté les deux premiers actes. Arrivé au troisième, à la scène capitale, celle où l'Antiquaire cherche à prouver à son interlocuteur l'origine de son vase (1), Merville entame vivement la scène, en interpellant l'Antiquaire; Duparay réplique, Merville continue, et tous les deux jouent la scène à l'étonnement de tout le monde. Lorsque arrivé à cette fameuse explication des lettres romaines, Duparay reste court.

— Qui vous arrête? lui dit Harel, qui supposait que Merville lui avait communiqué son manuscrit.

— Ma foi ! répond Duparay, je n'en ai jamais su davantage ; j'ai joué deux fois la pièce, et deux fois le public a fait baisser le rideau à ce passage.

La pièce était tombée déjà deux fois sur ce même théâtre de l'Odéon. Merville avoua qu'en effet, la pièce avait été sifflée en cinq actes, mais qu'il l'avait remise en quatre actes.

— Eh bien! reprend Harel, revenu un peu de sa stupéfaction, je la jouerai ; le public serait bien ingrat s'il persistait à siffler quand on se met en quatre pour lui plaire.

La pièce ne marcha pas mieux, et le public fit baisser le rideau précisément au même passage.

Quant au théâtre de la rue de Richelieu, le Comité fut composé de comédiens et de littérateurs. Ces derniers étaient en majorité et tous les membres de l'Académie. Ce fut une époque désastreuse pour la Comédie, qui vit ses cartons surchargés d'une avalanche de pièces

---

(1) On remarquera l'analogie de *la Grammaire* de Labiche avec *l'Antiquaire* de Merville.

prétendues littéraires, dont la plupart n'ont pas même pu soutenir la représentation. Les académiciens n'avaient rien à refuser à leurs confrères.

Sous Louis-Philippe, l'ancien Comité fut rétabli tel qu'il est aujourd'hui. A tout prendre, ce mode de Comité de lecture est préférable à tous les autres. Ce qui donnera toujours une supériorité incontestable aux jugements plus ou moins passionnés des comédiens, c'est que tous ont un même intérêt dont ils ne s'écartent pas, — la prospérité de l'entreprise — à laquelle se rattachent leur fortune et leur réputation.

Le Comité, présidé par le commissaire du Gouvernement, se réunit une fois par semaine. La majorité fait la loi. La lecture terminée, l'auteur se retire, et le Comité va aux votes, sans discussion, sans observation; chacun des membres dépose dans une urne l'une des trois *boules* qu'il a devant lui, blanche, rouge ou noire, qui indiquent les *réceptions définitives*, les *réceptions à correction* (manière polie de recevoir un auteur sans être tenu de jouer sa pièce) et les *refus*. On a fait bien des histoires sur cet usage de voter avec des boules. On a raconté, par exemple, qu'un acteur propriétaire d'un très beau *terre-neuve* qui ne le quittait pas, lui lançait, après la lecture, les trois boules sur le parquet, et que celle qu'il rapportait était mise dans l'urne. Et d'autres encore. Mais ce qu'on ignore, c'est que ce vote a été adopté à la suite d'une histoire assez connue. C'était sous la Restauration : chaque membre du Comité émettait alors son opinion sur l'ouvrage lu par des bulletins écrits que l'on dépouillait ensuite devant l'auteur. Un jour, Henri de Latouche lit un acte en vers : *Un tour de faveur* (1); la lecture terminée, le commissaire du Roi lit à haute voix les bulletins, où figurait celui-ci :

« Cette petite acte m'a paru charmante, mais invraisemblable; je la refuse. » Ce bulletin portait la signature d'une des grandes dames de la Comédie d'alors. Latouche donna le bulletin au *Corsaire*; le journal en plaisanta, et la Comédie remplaça les bulletins écrits par des boules de différentes couleurs, dont l'emploi, au moins, n'exige aucune étude préalable.

Rien de plus froid, de plus glacial que ces assemblées d'acteurs,

---

(1) Comédie en un acte, en vers, de Henri de Latouche et Emile Deschamps, représentée à l'Odéon le 23 novembre 1818.

habitués à tous les genres d'émotion de théâtre. Pas un geste, pas un mot, pas un regard même. Rarement une pièce, quelque amusante qu'elle soit, a le privilège de dérider le Comité.

Un jour, cependant, Delrieu, l'auteur d'*Artaxercès*, que vous connaissez déjà par ses naïvetés, vint lire une tragédie : *Judith et Holopherne*. Les deux premiers actes sont religieusement écoutés. Au troisième, l'auteur ramenait Judith triomphante dans les murs de Béthulie, le peuple faisait entendre des cris de victoire, tandis que l'héroïne, suivie de sa confidente et placée à l'avant-scène, célébrait la gloire de l'Éternel. Lorsque la suivante tirait la tête d'Holopherne d'un sac qu'elle portait, Judith s'en emparait, et la saisissant par les cheveux, la présentait au peuple dont les transports éclataient à la vue de cet horrible trophée.

— Mais c'est affreux, m'écriai-je, une pareille exhibition est intolérable. Comment, vous Delrieu, avez-vous pu penser à offrir aux yeux épouvantés du public une tête coupée, une tête sanglante ?

— Calmez-vous, mon cher, calmez-vous, me répond-il ; il est bien entendu que nous aurons une tête en carton.

Cette fois, le Comité entra dans une telle hilarité, qu'il fut impossible de continuer la lecture.

Lorsqu'une pièce est reçue, deux manuscrits sont envoyés à la censure, et un troisième reste au théâtre pour le souffleur.

La pièce arrive à son tour de représentation, si elle n'obtient un tour de faveur.

C'est alors que commencent les travaux du théâtre. Le public ne se doute pas de l'immensité des labeurs, du nombre de répétitions, des décorations, des accessoires, de tous les détails minutieux, nécessaires, indispensables pour mettre en scène un ouvrage nouveau. Machinistes, menuisiers, colleurs, traceurs, dessinateurs, peintres, costumiers se mettent à l'œuvre. Quelle dépense d'esprit, de temps, d'argent ! Quelle peine il faut prendre pendant un mois, deux mois, trois mois, pour procurer au public un amusement de quelques heures !

La pièce est mise à l'étude. Les premières répétitions ont lieu au foyer, autour d'une table, les acteurs tenant leur rôle à la main. C'est là que l'auteur fait les premières corrections.

Quand les acteurs savent à peu près leurs rôles, on les amène au théâtre où la lumière obscure de quelques quinquets ne leur permet plus de lire leurs cahiers ; il faut donc qu'ils s'accoutument à répéter par cœur. Le souffleur est à une petite table placée sur la scène, car, à chaque instant, on fait encore des coupures ou des changements. Les personnages sont introduits en scène, on indique à chacun la place qui leur est convenable. Là, tout est prévu, combiné : les entrées, les sorties, les changements de place, les rencontres, tous les mouvements, en un mot, nécessités par la situation. C'est ce qu'on appelle la *mise en scène*.

Cette première mise en scène se fait sans décorations. Quand la pièce est sue, que l'auteur a donné toutes ses indications, que ses intentions ont été saisies par les acteurs, que le geste, la diction, les intonations son réglées et arrêtées, que le manuscrit a été rendu conforme au manuscrit revenu de la censure, viennent les décors, les accessoires, l'éclairage, les répétitions d'ensemble et enfin la répétition générale. La scène est alors uniquement occupée par les acteurs ; les toilettes se déploient, tout le monde est à son poste. Dans la salle se trouvent l'auteur et quelques amis qu'il a le droit d'y amener, le directeur, les artistes du théâtre qui ne paraissent pas dans la pièce nouvelle, et l'inspecteur de la Commission de censure, chargé de vérifier si les changements indiqués ont été strictement exécutés. C'est seulement à la suite de cette répétition que la pièce est autorisée.

Quelquefois, une dernière épreuve est faite avec tout l'appareil des costumes, ce qui n'arrive que fort rarement au Théâtre-Français.

Et il ne faut qu'un coup de sifflet pour renverser et détruire tout cet échafaudage.

Dans les théâtres, peu de directeurs s'occupent de la mise en scène : c'est que, généralement, ce ne sont pas des hommes spéciaux ; ils chargent des régisseurs de cette besogne qu'ils regardent comme un *détail*. Mais, toujours pressés de donner une pièce nouvelle, ne calculant ni le temps ni les difficultés, ils exigent souvent la représentation d'ouvrages incomplets ; et c'est ce qui occasionne la chute ou le demi-succès de tant de nouveautés.

Un jour, — je dirigeais alors la scène de l'Odéon, — un grand ouvrage était à l'étude. Harel, qui était tout nouveau directeur et n'avait pas paru une seule fois au théâtre, m'aborde.

— Il faut que nous donnions la pièce demain, me dit-il.

— C'est impossible ; elle n'est pas prête, on ne la sait pas suffisamment.

— N'importe, il le faut.

— Vous n'assistiez point aux répétitions, venez-y pour juger si...

— Je m'en garderai bien, je m'exposerais à partager vos opinions, j'arrêterais la pièce, et je veux absolument qu'elle passe demain ; il le faut.

La pièce *passa* en effet le lendemain.

XI

Nous avons déjà parlé des théâtres de société ; mais, avant de dire un dernier mot sur les comédiens du monde, nous allons essayer de donner une idée du matériel de la scène et des termes techniques qui y sont en usage.

Un théâtre est divisé en trois parties égales en hauteur, en largeur et en longueur : la *scène*, les *dessous* et les *dessus* ou *cintres*.

On donne le nom de *face* à l'avant-scène, de *lointain* au fond du théâtre.

Les deux premiers châssis du théâtre, supportant une draperie qui s'y repose comme le linteau d'une porte, forment un encadrement que l'on peut restreindre ou élargir à volonté, ce que l'on nomme le *manteau d'Arlequin* : ce personnage se glissait toujours entre ces deux châssis pour entrer sur le théâtre, comme pour s'en échapper furtivement. On dit, pour désigner la droite de l'acteur, *côté cour*, et la gauche, *côté jardin* (1), dénominations qui viennent de la position du théâtre des Tuileries, entre la cour et le jardin du palais. Sous l'ancien régime, on disait *côté du roi* et *côté de la reine* ; les loges royales étaient placées en vis-à-vis à l'avant-scène, côté cour et côté jardin.

On appelle *fermes* toutes décorations qui s'élèvent du dessous, au lieu de descendre du cintre ou de rouler par les coulisses.

---

(1) C'est, au contraire, le côté jardin qui est à la droite de l'acteur, et le côté cour à sa gauche. Au théâtre des Tuileries, l'acteur regardait le sud. Il avait donc à sa droite le jardin des Tuileries, à sa gauche la cour du Carrousel.

On appelle *fils* les cordages qui, par le moyen de *contrepoids*, doivent mettre en jeu les mécaniques du théâtre.

Dans le parquet du théâtre sont pratiquées des *trappes* qui servent à faire disparaître les personnages dans les dessous.

Voici comment se fait cette disparition. L'acteur va se poser d'aplomb sur la trappe indiquée par des ronds tracés à la craie blanche; à l'instant voulu, il frappe du pied pour prévenir le machiniste placé dessous; celui-ci fait tourner aussitôt un levier où s'enroule une corde attachée à l'anneau de la trappe; elle s'abaisse, l'acteur s'enfonce, tandis qu'une planche, large comme la trappe, glisse horizontalement et vient refermer l'ouverture faite au parquet, mais avec une rapidité telle que le moindre retard exposerait l'acteur à se voir couper en deux par la planche transversale.

Quand Harel était directeur de la Porte-Saint-Martin, et qu'il redoutait quelque poursuite de ses créanciers, il assistait aux répétitions debout sur une trappe; aussitôt que des figures se présentaient, le directeur disparaissait aux yeux mêmes des recors ébahis.

L'*éclairage* est fort important dans les théâtres. Aujourd'hui qu'ils sont éclairés au gaz que l'on tourne plus ou moins, ils représentent les divers degrés du jour. Un demi-tour de clef, un quart de conversion que l'on imprime aux lumières des coulisses, un voile de mousseline bleue élevé devant la rampe, des verres de couleur violette aux quinquets, produisent des effets de nuit ou d'obscurité. La *lune* est en papier huilé. Quant au *soleil*, il est représenté par la clarté répandue sur toutes les parties de la scène. Un globe de verre, contenant un foyer de lumière, imite, si l'on veut, le disque de cet astre. On rapporte que, lors du voyage à Paris d'un ambassadeur de Guinée, sous Louis XIV, l'ambassadeur assistant à une représentation de l'Opéra, près du Roi, s'élançait hors de la loge à moitié corps, et saluait le soleil, la lune et les autres planètes à mesure qu'il les voyait passer.

Un des objets qui se rattachent encore au matériel de la scène, c'est l'*affiche* du spectacle. Rien de plus difficile pour la rendre claire, nette, attrayante pour le public; rien de plus pénible à composer pour complaire à tous les amours-propres. Quant à moi, il m'aurait fallu un typographe des plus expérimentés pour satisfaire à toutes les exigences : les caractères d'impression, le titre des pièces, le nom des auteurs, la place à occuper, tout était l'objet de discussions animées. J'aurais eu besoin d'*affiches monstres*, et à cette époque celles du Théâtre-Français étaient de petite dimension et telles qu'on les retrouve au temps où n'y figuraient ni les noms d'auteurs ni les noms d'acteurs. Ce fut en 1617 que, pour la première fois, un nom d'auteur fut mis sur une affiche de spectacle : c'était celui de Viaud, auteur de *Pyrame et Thisbé*, dont le succès avait été prodigieux; Racan, auteur des *Bergeries*, fut le second, en 1618; puis Mayret, auteur de *Sylvia* (1621), et Gombaud, auteur d'*Amaranthe* (1625). Depuis, tous les auteurs voulurent être nommés.

Quant aux artistes, l'inscription de leurs noms sur l'affiche ne date que de l'année 1791. Avant cette époque, les acteurs étaient dans l'obligation de se trouver de bonne heure au théâtre. Si la recette s'annonçait bien, les *premiers sujets* allaient s'habiller et jouaient; dans le cas contraire, les *doubles* les remplaçaient, ce qui arrivait rarement. On racontait à ce sujet, au Théâtre, une anecdote assez curieuse. Dugazon venait de débuter (1) et se trouvait le troisième comique de la Comédie. Depuis ses débuts, il n'avait eu que peu d'occasion de jouer, lorsqu'un soir, c'était dans les grandes chaleurs, le régisseur le prévient qu'il jouera le lendemain. Préville et Dazincourt (2), ses deux chefs d'emploi, ne devant pas jouer. Dugazon, enchanté, était dans sa loge, tout habillé et prêt une heure avant la représentation, quoiqu'il n'eût affaire que dans la seconde pièce, lorsqu'un orage épouvantable survint tout à coup. Les promeneurs se réfugient sous tous les abris, beaucoup entrent au théâtre, et au lever du rideau la salle était comble. Dazincourt, chassé comme tout le monde par la pluie, s'était réfugié sur la scène. Il aperçoit la foule qui encombrait loges et galeries, et, se retournant au même instant, il voit Dugazon en grande *livrée* et se promenant triomphalement dans les coulisses.

— Jeune homme, lui dit Dazincourt en lui frappant sur l'épaule, vous pouvez aller vous déshabiller; je joue ce soir.

Et il monte dans sa loge, laissant Dugazon consterné.

— Que diable as-tu ? lui demande Préville, qui venait d'arriver; quelle singulière figure pour un comique!

---

(1) Dugazon débuta à la Comédie-Française le 29 avril 1771.

(2) Dazincourt n'était pas chef d'emploi de Dugazon, son ancien; il ne débuta qu'en 1776.

— C'est, répond le jeune artiste, Dazincourt qui, voyant la salle pleine, vient de me signifier qu'il jouait ce soir et que je n'avais qu'à aller me déshabiller.

— Vraiment! Eh bien, ce ne sera pas lui qui jouera.

Et Préville prend à son tour le chemin de sa loge.

Peu de temps après, la première pièce venait de finir. Préville, déjà costumé, attendait au foyer qu'on avertît pour la seconde, lorsque Dazincourt entre en chantant (c'était son habitude) et reste stupéfait en apercevant son chef d'emploi en costume de théâtre.

— Tu peux te déshabiller, lui dit celui-ci; je joue ce soir.

Cinq minutes après, Préville entrait en scène, et Dazincourt, furieux, regagnait sa loge, poursuivi par les plaisanteries et les quolibets de Dugazon, qui n'était pas homme à laisser échapper une pareille occasion de se venger.

On comprend qu'il n'y avait ni dessus, ni dessous, ni fermes, ni trappes, ni affiches dans les théâtres de société. Quant à l'éclairage, une rampe de huit à dix quinquets et quelques bougies dans les coulisses suffisaient à la représentation de proverbes, de scènes dramatiques, de petites comédies. Mais la bourgeoisie ne se contentait pas de si peu; il lui fallait la tragédie classique avec son peuple, ses licteurs, représentés par trois ou quatre domestiques de la maison, le portier, sa femme et sa fille, élève du Conservatoire, qui, au besoin, jouait une confidente. Voltaire, Racine et Corneille: la bourgeoisie ne sortait pas de là.

J'étais accablé de visites et de lettres les plus burlesques au sujet de ces représentations. Mes fonctions de directeur de la Comédie-Française m'avaient rendu en quelque sorte l'arbitre naturel des comédiens bourgeois. Mise en scène, distribution des pièces et des rôles, costumes, décorations, tout était soumis à mon arbitrage.

Je reçus un jour une lettre d'un riche marchand de drap dont je tairai le nom. C'était un chef de bataillon de la garde nationale, que j'avais rencontré à une *revue* où il se faisait remarquer par son air superbe sous les armes. Il était amateur passionné du théâtre et donnait ce jour même une soirée dramatique où il avait invité la moitié de Paris. « Mon cher Directeur, m'écrivait-il, seriez-vous assez aimable pour me prêter une Iphigénie? Ma plus jeune fille, qui devait jouer ce rôle, vient d'être prise des douleurs de l'enfantement. Il me serait impossible à cette heure de décommander tout mon monde et j'ai recours à votre obligeance. Je pense que cela ne vous sera pas difficile, puisque vous en avez plusieurs. Quelle que soit celle que vous nous enverrez, elle sera la reine de notre soirée, et nous la recevrons avec tous les égards que l'on se doit entre artistes. Agréez, etc. »

Ce même commandant se trouvait un jour de service aux Tuileries. C'était à l'époque où Philippon avait dessiné, sous les yeux mêmes du tribunal, une de ces *poires* dont tous les murs de Paris ont été si longtemps couverts. Les officiers supérieurs de service au Château déjeunaient encore avec la famille royale. Le commandant était placé près de la Reine. Au dessert, parmi les corbeilles de fruits, il en aperçoit une remplie des plus belles poires; il fait signe à un valet de service de la lui apporter, en la lui indiquant du doigt. Celui-ci, soit qu'il ne comprît pas, soit qu'il voulût s'amuser de l'embarras du commandant, lui apporte la corbeille opposée.

— Pas celle-là, dit le négociant, l'autre !

Nouvelle méprise du valet.

— Celle à côté, reprend le commandant, désignant toujours du geste les poires qu'il n'ose nommer.

— Donnez les poires à M. le Commandant, dit la Reine en souriant.

A ces mots, il reste pétrifié ; le nom seul du fruit avait produit l'effet de la tête de la Méduse.

Michelot, qui se trouvait dans mon cabinet quand je reçus cette singulière lettre, se chargea de trouver une Iphigénie parmi ses élèves. Le chef de bataillon joua Agamemnon, sa femme remplit le rôle de Clytemnestre, sa fille aînée celui d'Eryphile, et son fils, tout nouvellement sorti du collège, celui du bouillant Achille. C'était une tragédie de famille.

Je ne fus pas surpris de rencontrer, quelques jours après, dans les appartements du Palais-Royal, le commandant qui vint me remercier de lui avoir fait connaître Michelot. Il avait été invité, comme un des gros bonnets de la garde nationale, à une fête que donnait au Palais-Royal S. A. R. Madame Adélaïde. Deux théâtres y avaient été conviés : les Français étaient représentés par Monrose et Mlle Mars, dans *les Fausses confidences*, et les Variétés, par Vernet, dans *Prosper et Vincent*.

Un peu avant la fin du spectacle, le secrétaire des commandements de Madame vint offrir aux comédiens français, comme souvenir de Son Altesse Royale, quelques bijoux de prix, et il remit au régisseur des Variétés une somme d'argent pour être distribuée aux artistes de ce théâtre. Cette distinction entre les deux troupes me parut étrange. Le docteur Marc, qui était près de moi, me dit que de tout temps, à la Cour, il était d'usage d'offrir des cadeaux aux comédiens du Roi et de payer en argent les autres artistes.

Ce même soir, en rentrant au théâtre, je reçus une visite tout à fait inattendue. On m'annonce M. de Balzac. Je l'avais connu au collège de Vendôme; bien des années s'étaient écoulées, et je ne l'avais pas revu depuis. Je me rappelle qu'un vieil oratorien, censeur des études, disait de lui : « Balzac ne fera jamais qu'un paresseux et un mauvais sujet. » Il quitta le collège de Vendôme à l'âge de quinze ans et vint à Paris achever ses classes. En sortant de l'institution Lepitre, où son père l'avait mis, il entra dans une étude de notaire où il fit de tout, excepté du notariat. Son père mourut; il recueillit sa portion d'héritage, quitta le notaire, chez lequel il était encore, et se fit à la fois imprimeur et libraire : c'était plus qu'il ne lui en fallait pour manger sa fortune; il se ruina. C'est à ce désastre que nous devons l'un des plus féconds romanciers. Ses débuts furent rudes et obscurs, à peine y trouva-t-il l'existence du jour.

Il publia successivement, sous les pseudonymes de lord Rhoone (anagramme du nom d'Honoré), du marquis de Villerglé et d'Horace de Saint-Aubin, une foule de romans dont les titres sont à peine connus. Parut enfin la *Physiologie du mariage*, qui fut suivie peu de temps après de *Peau de chagrin*.

Un jour, à l'Opéra, une femme du monde avait la plus grande envie de voir Balzac, qu'elle savait être au bal masqué.

« Le voici ! lui dit un jeune homme qui lui donnait le bras.

— Quoi ! ce gros homme ?

— Est M. de Balzac.

— Ce paletot presque dégradé ?

— Est à M. de Balzac.

— Ces bottes souillées ?

— Sont de M. de Balzac.

— Et cette figure commune ?

— Est M. de Balzac, M. de Balzac, je vous le répète. »

Balzac, qui avait entendu prononcé son nom, s'étant approché :

« Que désire Madame? dit-il.

— M. de Balzac, s'il vous plaît?

— Il est devant toi, beau masque.

— Vous seriez donc?

— Honoré de Balzac en personne.

— Allons, vous voulez rire.

— Je n'en n'ai pas la moindre envie.

— Puisqu'il en est ainsi, je n'insiste plus... Quel dommage, et comme je m'étais trompée, dit le joli domino en se perdant dans la foule. »

Et Balzac venait de trouver le titre et le sujet d'un livre charmant, *les Illusions perdues*.

Nous étions à la fin de l'été. Il habitait alors une charmante maison aux Jardies, dans la jolie vallée de Ville-d'Avray. C'est là qu'il composa *Eugénie Grandet*, *le Lys dans la vallée* et *le Père Goriot*.

Balzac venait causer avec moi, me dit-il, des projets qu'il avait pour le théâtre. C'était une idée vraie, originale et toute littéraire; le Théâtre-Français était le seul théâtre et Monrose le seul acteur qui puisse la féconder. Il savait que je ne redoutais aucune innovation, et que j'accueillais également bien tous les auteurs, même les inconnus, ajouta-t-il, et il venait me demander une heure où, d'accord avec Monrose, nous pourrions l'entendre; puis me serrant la main comme à un vieux camarade :

— Faisons mieux, dit-il, venez avec Monrose passer une matinée aux Jardies, où nous serons plus à l'aise; nous déjeunerons, nous causerons et nous renouvellerons cette vieille amitié de collège.

Quelques jours après, par une belle matinée, nous arrivions à l'improviste à Ville-d'Avray. Balzac se trouvait précisément dans un de ces moments de gêne que Walter Scott nous a si bien dépeints en nous faisant connaître Sir Rawenswood. Par malheur, Jean, l'unique domestique et le maître Jacques des Jardies, était loin d'avoir l'esprit inventif de Caleb. Balzac, ne sachant comment se tirer de ce mauvais pas, nous montre ses fleurs, ses arbustes, ses plantations d'ananas, nous raconte une foule d'histoires. Du déjeuner, pas un mot. A quelques paroles entendues, j'avais compris l'embarras du poète et, tandis qu'il causait avec Monrose, sans être vu, je m'approche de Jean en lui glissant un louis dans la main.

— Je sais tout, lui dis-je ; cours chercher à déjeuner, reviens promptement et sois discret.

Jean ne se le fait pas redire, et la table est bientôt dressée dans le pavillon du jardin.

Cependant Balzac ne savait plus comment nous occuper, lorsque Jean, revêtu de la livrée de famille, une serviette sous le bras, ouvre les portes du pavillon et jette ces mots :

— Monsieur est servi.

Balzac, aussi surpris qu'enchanté, nous invite gaiement à nous placer à une table où se trouvaient, pêle-mêle, le verre de cabaret et le cristal de Bohême, la faïence de ménage et l'assiette du Japon, les couteaux à manche de corne et ceux de nacre et de porcelaine, et jusqu'à des couverts de fer mêlés à l'argenterie armoriée. Le déjeuner n'en fut pas moins charmant ; Balzac fit à merveille les honneurs de ce repas inattendu. Quant à la pièce, il n'en fut point question.

Et cependant Balzac était tourmenté par le démon de la scène ; il ambitionnait les succès du théâtre, genre qu'il mettait pourtant au-dessous du roman de mœurs. « Que serait Le Sage, s'écriait-il, s'il n'eût fait que *Turcaret ?* Mais *Gil Blas ! Gil Blas !* voilà son titre de postérité. »

Aussi disait-il un jour à Alexandre Dumas :

— Ma foi ! je ne ferai du drame que quand je serai usé.

— Vous auriez déjà dû commencer, répliqua l'auteur d'*Antony*.

Ce mot le blessa. Il fit *Vautrin*, *les Ressources de Quinola*, *Mercadet*.

De retour à Paris, une triste nouvelle nous y attendait ; la Comédie venait de perdre un de ses plus vieux sociétaires. Honnête homme, acteur charmant, Baptiste cadet avait doucement fini sa longue carrière à l'âge de soixante-douze ans.

C'était un acteur sans rival dans l'emploi des niais. Thomas Diafoirus et M. de Pourceaugnac n'ont jamais eu de meilleurs interprètes. C'était un homme naïf et qui cependant ne manquait pas d'à-propos. On cite de lui une repartie piquante. Mlle Mézerai, si coquette, si jolie et femme à damner un évêque, comme on le disait, tant elle avait de séductions, mais qui ne brillait pas du côté de l'esprit, disait un jour à Baptiste cadet, assez malignement, « qu'il jouait bien les bêtes ». — « Oui, Mademoiselle, lui répondit-il, et votre suffrage est bien flatteur pour moi : vous devez vous y connaître, votre père en faisait. »

Baptiste, avant d'entrer à la Comédie-Française, avait été longtemps l'idole du public au théâtre Montansier, au Palais-Royal. Ce fut le créateur des Jocrisses, qui eurent pour pères Aude et Dorvigny.

C'est une histoire assez curieuse pour la raconter :

C'était en 1792. Aude, chevalier de Malte, ancien secrétaire de M. de Buffon; Louis Dorvigny, professeur de littérature grecque et latine au collège Mazarin, et qui avait eu pour mère une des pensionnaires de ce fameux Parc-aux-Cerfs, à Versailles, furent éprouvés comme tant d'autres par la Révolution de 1789 et perdirent emplois, distinctions, fortune.

Associés par le talent autant que par le malheur, le théâtre leur parut un refuge, et ils s'y jetèrent avec passion. *Jeannot ou les Battus paient l'amende* les avait fait connaître, les *Cadet-Roussel* et les *Jocrisse* les mirent en réputation. Tous les deux eussent promptement réparé leur fortune si, à cette époque, les droits d'auteurs eussent été ce qu'ils sont aujourd'hui. Une modique somme une fois donnée après lecture de l'ouvrage était alors la seule rémunération du poète, obligé souvent d'attendre longtemps dans la gêne que le succès de son œuvre fût épuisé pour toucher la *prime* d'un nouveau travail.

Aude et Dorvigny étaient dans cette situation, lorsqu'un matin, assis au foyer du théâtre Montansier, se creusant la tête inutilement pour trouver quelque argent, ils apprennent qu'une *lecture* qui devait être faite le jour même n'aurait pas lieu, par suite d'une indisposition de l'auteur. Ce fut un trait de lumière pour Dorvigny.

— Nous cherchons bien loin, dit-il à son collaborateur, ce que nous avons sous la main. Le Comité, qui n'a pas été prévenu, va se réunir. Prenons la place de l'auteur absent et lisons.

— Lire, répond Aude, et une pièce? nous n'avons ni sujet, ni titre même.

— Un sujet? réplique Dorvigny en se frappant sur le front, il est là; un titre? en voici un excellent : *Jocrisse !*

— A ce compte, la pièce est trouvée, répond Aude : tu lis la première moitié, moi la seconde; nous touchons la prime et nous allons gaiement terminer la soirée chez Bancelin (1).

---

(1) Célèbre cabaret du temps.

Dix minutes après, Aude et Dorvigny, introduits au Comité, improvisaient une pièce charmante, prose et couplets, au milieu des rires et des acclamations de l'assemblée.

A peine sortis, Baptiste cadet, qui assistait à la lecture, s'empare du précieux manuscrit laissé par les auteurs; il l'ouvre avec joie, et reste stupéfait en ne trouvant qu'une main de papier blanc, avec le titre seul écrit en grosses lettres : *Jocrisse!*

Plusieurs jours se passèrent sans qu'on revit les auteurs, qui, après avoir inutilement cherché à retrouver leur improvisation, se décidèrent à faire l'aveu de leur ruse, en promettant de remplacer promptement la pièce perdue.

A cette nouvelle, Baptiste cadet ne se connaît plus; il se dépite, il devient furieux, s'arrache les cheveux... Il est désespéré, lorsqu'au milieu de cette scène si naïve et si bouffonne à la fois, Dorvigny s'écrie :

— Je l'ai trouvé, je le tiens mon Jocrisse : cette fois, il ne m'échappera pas.

Quelques jours après, on mettait en répétition au théâtre Montansier une pièce destinée à faire courir tout Paris, *le Désespoir de Jocrisse*, pièce dans laquelle jouèrent deux des plus grands artistes du Théâtre-Français, Mlle Mars et Baptiste cadet.

XII

Dans cet itinéraire à travers le Théâtre-Français, il ne me reste plus qu'à vous conduire au foyer public.

Nous voici dans le salon; remarquez à votre droite ce buste de vieillard, cette figure candide et bonhomme : c'est Pierre Corneille! ce poète héroïque qui, censuré par l'Académie pour *le Cid*, et menacé d'une nouvelle censure pour *Horace*, se contentait de répondre : « Horace fut condamné par les décemvirs, mais absous par le peuple. » Toute la France, en effet, avait battu des mains au *Cid* : « C'est beau comme *le Cid*, » répétait-on d'un bout du royaume à l'autre.

Tout à côté de Corneille, dont le buste est dû au sculpteur Caffiéri, voyez ce regard triste et doux, ces lignes si pures du visage, ce tête un peu penchée. Ne reconnaissez-vous pas celui que Boileau appelait le *contemplateur*, ce comédien qui mourut sur son théâtre : Molière?

Voici Racine, qui, retiré du théâtre à l'âge de trente-huit ans, ne donna que douze ans après, pour Saint-Cyr, *Esther* et *Athalie*, et obtint qu'il fût interdit aux comédiens de jouer ces pièces.

Auprès de Racine est Rotrou, l'auteur de *Venceslas*. La mort de ce poète est digne des héros de Plutarque. Rotrou était lieutenant particulier et civil du bailliage de Dreux. Tout à coup, une maladie épidémique se déclara dans la ville; trente personnes mouraient par jour, les plus notables habitants fuyaient la cité pestiférée. Rotrou avait à Paris un frère qui lui écrivit pour le supplier de quitter Dreux et de venir le rejoindre. Les échevins de la ville étaient morts, le lieutenant général absent; le soin de veiller sur ses concitoyens était réservé au poète. Il répondit à son frère que sa présence était nécessaire à son pays et qu'il y resterait tant qu'il y serait de quelque utilité; sa lettre se terminait par ces mots : « Ce n'est pas que le péril où je me trouve ne soit fort grand, puisque, au moment où je vous écris, les cloches sonnent pour la vingt-deuxième personne morte aujourd'hui. Ce sera pour moi quand il plaira à Dieu ! » Et les cloches, peu de jours après, sonnaient pour lui.

Nous passons devant Thomas Corneille... Qui se rappelle même les titres des trente-sept pièces qu'il a données au théâtre? « Pauvre Thomas! disait Boileau, tes vers, comparés à ceux de ton frère, font bien voir que tu n'es qu'un cadet de Normandie. »

Ce beau buste de Regnard, qui est signé J. Foucou, relève assez le caractère du poète. Cette figure empreinte de sensualité ne peint-elle pas bien la voluptueuse insouciance de cet homme que l'on croit voir encore dans un de ces galants soupers où pétille le vin de Champagne et où la musique et la lumière jettent leur mélodie et leur éclat autour de l'heureux auteur? Il y a dans cet œil je ne sais quelle audace aventureuse qui rappelle ses voyages. Jeune, riche, aimant le vin, le jeu, les femmes, jamais vie ne fut plus accidentée ni plus poétique. Un jour, il part pour l'Italie; il boit, il joue, il mange, il aime et s'embarque avec une femme qu'il a séduite.

Son bâtiment est pris par des corsaires. Réduit à l'esclavage, ce n'est que deux ans plus tard qu'il recouvre sa liberté; il en profite pour visiter l'Allemagne, la Suède, la Laponie, et ne s'arrête que lorsque la terre lui manque. Puis il revient à Paris, va se fixer dans sa belle propriété de Grillon, dont il fait un séjour enchanté. C'est là qu'il compose : *le Joueur, les Ménechmes, les Folies amoureuses*, et sa dernière pièce, *le Légataire universel*, ce chef-d'œuvre de gaieté.

Le titre de cette dernière pièce me rappelle une anecdote. Une vieille douairière mourut. Un jeune médecin, qui l'avait soignée, voulut servir les intérêts d'un neveu de la défunte au détriment des autres héritiers. Voici comment il opéra :

Le docteur appela deux hommes de loi auprès du lit mortuaire, et tandis qu'il tâtait le pouls à la douairière, le neveu, s'adressant au cadavre que les assistants croyaient encore animé et doué d'intelligence, criait à tue-tête :

— N'est-ce pas à Monsieur que vous avez l'intention de donner votre terre de Beaumont?

Le médecin, avec adresse, faisait exécuter à la tête de la morte le signe d'affirmation.

Le neveu continuait l'interrogatoire.

— N'est-ce pas à Monsieur que vous laissez vos coffres d'argenterie et vos meubles?

Le médecin continuait à faire jouer la tête, et les notaires écrivaient.

L'héritier fut reconnu vrai et loyal propriétaire par arrêt du parlement.

Ceci se passait en 1779, précisément l'année où les comédiens inaugurèrent dans le musée le buste de Voltaire, que le célèbre Houdon a représenté avec son rire moqueur, sa malice, sa légèreté, son élégance, son scepticisme.

Après avoir salué Crébillon, entrons dans la galerie. Le premier buste et le mieux placé est celui de Marivaux (1). Destouches vient après. L'auteur du *Glorieux*, du *Dissipateur*, du *Philosophe marié*, chercha à ramener le théâtre à la comédie sérieuse, que La Chaussée, idole de la foule, transforma bientôt en comédie larmoyante : *Mélanide, le Préjugé à la mode, la Gouvernante*, tous ces drames bourgeois, si prônés, si vantés, eurent en effet un succès prodigieux. Et que reste-t-il aujourd'hui de La Chaussée? un buste au Théâtre-Français.

Arrêtons-nous un instant devant cet homme au regard fier

---

(1) Le buste de Marivaux, par Fauginet, n'est entré à la Comédie qu'en 1813. Mlle Dubois-Davesne en a fait un autre en 1873; tous deux font partie du musée.

et ironique : c'est Piron. Une seule pièce (1) vous le fait connaître comme auteur, un seul trait suffit à vous le montrer comme homme.

Un matin, prêt à entrer dans le cabinet d'un ministre du Roi, il le trouva reconduisant une personne titrée.

— Passez, Marquis, dit le ministre à la personne qui s'arrêtait par politesse pour laisser entrer Piron; passez, c'est un poète.

— Puisque mes qualités sont connues, répond fièrement Piron, je reprends mon rang; et il passa le premier.

Ce buste qui le suit est celui de Jean-Baptiste Rousseau, qui s'essaya sans succès au théâtre, où il donna *le Flatteur, le Café, le Capricieux.*

Plus heureux, Dufresny a laissé quelque jolies comédies : *l'Esprit de contradiction, le Dédit, la Coquette du village.* C'était un homme de plaisir et d'une dissipation poussée jusqu'à la folie; il avait quatre logements à Paris et des créanciers partout. Louis XIV, qui le comblait de faveurs, fut obligé de l'abandonner. On sait que Dufresny finit par épouser sa blanchisseuse, qu'il ne pouvait pas payer autrement.

Voici *l'Homme à bonnes fortunes,* Baron, le célèbre acteur et l'élève de Molière. Baron, outre *l'Homme à bonnes fortunes,* a laissé *l'Andrienne* et plusieurs comédies; il a joué avec succès les plus beaux rôles de Corneille, Molière et Racine. Retiré du théâtre depuis plusieurs années, il y rentra à l'âge de soixante-huit ans, dans *le Cid.* Mais Rodrigue se vit forcé de rester aux genoux de Chimène jusqu'à ce que des valets fussent venus pour le relever. Il ne reparut plus.

Contemporain de Baron, Dancourt était comme lui acteur et auteur. *Le Chevalier à la mode, les Bourgeoises, le Vert-galant, l'Eté des coquettes, l'Opéra de village* et toutes ses petites comédies sont la peinture fidèle de certaines mœurs très curieuses de cette époque.

Gresset a fait *le Méchant,* qu'on trouve dans ses œuvres, et Quinault, *la Mère coquette,* qu'on ne trouve nulle part (2).

Lulli, sous le nom de Baptiste, écrivait les parties d'orchestre des airs de chant et de danse que Molière inventait pour ses comédies. En l'admettant chez eux (3), les comédiens ont oublié que ce fut lui

---

(1) *La Métromanie* est la seule des pièces de Piron qui soit restée au répertoire.
(2) On trouve *la Mère coquette* dans toutes les éditions du *Théâtre* de Quinault (1715, 1739, 1778), dans ses *Œuvres choisies* (1811 et 1824).
L'édition originale de 1664 est rare, mais on trouve plus facilement celle de 1705.
(3) Le buste, qui porte gravé sur son piédouche le nom de *Lulli,* est en réalité

qui, à la mort de Molière, chassa la veuve et les compagnons du poète du Palais-Royal qu'il possédait, pour y installer l'Opéra dont il avait le privilège.

En 1765, *le Siège de Calais*, tragédie de De Belloy, venait d'obtenir une éclatante réussite. L'enthousiasme du public pour cette pièce fut incroyable. Un jour, les acteurs qui la jouaient, ne voulant pas se trouver avec le comédien Dubois, compromis par un procès scandaleux, ne vinrent pas au théâtre.

Le semainier proposa *le Cid* à la place du *Siège de Calais*, et le public hua *le Cid* et redemanda son argent. Le lendemain, M. de Sartines faisait arrêter et conduire au Fort-l'Evêque Dauberval, Lekain, Molé, Brisard et Mlle Clairon. Ce jour-là, Mlle Clairon joua son plus beau rôle, le rôle d'une héroïne que l'on porte en triomphe. Les plus nobles dames de Paris briguèrent l'honneur d'accompagner la tragédienne jusqu'au seuil de la prison. Ce fut là la cause de la retraite de Mlle Clairon, qui, en sortant du Fort-l'Evêque, quitta la France pour aller gouverner les désirs et les Etats du margrave d'Anspach.

A propos du *Siège de Calais*, on connaît la réponse d'un grand seigneur, homme d'esprit, à qui l'on reprochait de n'être pas bon Français parce qu'il n'admirait pas la pièce de De Belloy.

— Je voudrais, dit-il, que tous les vers de la pièce fussent aussi bons Français que moi.

Voici le buste de Le Sage. Qui le croirait? C'est par suite des ennuis, des tracasseries et des dégoûts qu'il éprouva de la part des comédiens aux représentations de *Turcaret*, qu'il se vit forcé de s'éloigner du Théâtre-Français et d'abandonner une carrière où il avait débuté par deux chefs-d'œuvre d'intrigue et de comique : *Crispin rival de son maître* et *Turcaret*.

Sedaine, que l'on regarde comme le fondateur de l'opéra-comique, pouvait bien prétendre aussi à la place qu'il occupe dans cette galerie comme auteur dramatique. Ce fut un de ceux qui coopérèrent, comme Diderot, à la réforme du théâtre, en y mêlant des éléments populaires. *Le Philosophe sans le savoir* est à la fois une pièce intéressante et une œuvre philosophique.

---

un buste de Coysevox par lui-même. Il était écrit que le Florentin resterait à la porte du Théâtre-Français.

Ce bonhomme que vous voyez dans ce petit coin, c'est La Fontaine. Il sortit un soir de la première représentation d'un de ses ouvrages après le premier acte, et fut se réfugier au café. Un de ses amis, surpris de le voir, lui dit :

— Comment ! vous ici ! Vous n'allez pas au théâtre voir votre pièce ?

— J'en viens, répond le Bonhomme : le premier acte m'a si fort ennuyé que je n'ai pas eu le courage d'attendre les autres. J'admire vraiment la patience des Parisiens.

Elle est en effet admirable cette patience du public, qui, cent ans plus tard, écoutait de sang-froid *Hamlet*, *Othello*, *Macbeth*, ces prétendues imitations de Shakspeare que lui donnait Ducis. Et cependant Ducis a été le successeur de Voltaire à l'Académie. Mais, s'il a défiguré les pièces de Shakspeare, il a du moins aidé à faire connaître en France le prodigieux génie du dramaturge anglais.

Auprès de Ducis est Beaumarchais, qui fut tout : homme de lettres, homme de cour, artiste, spéculateur, négociant, avocat, économiste, musicien, eut du succès dans tout et mit de l'esprit partout. Plaideur vif et ingénieux dans l'affaire Goëzman, il agite la France entière avec un procès de *quinze louis*. Frondeur par excellence, il frappe de tous les côtés, et à l'aide d'un valet de comédie, il porte un coup mortel à l'esprit aristocratique en transportant sur la scène la satire des hommes de son époque.

Il ne faut pas oublier non plus que c'est à Beaumarchais que les auteurs ont dû l'amélioration de leurs finances. C'est à la suite du *Barbier* qu'il établit le premier règlement qui fixa d'une manière régulière les droits méconnus des hommes de lettres.

Il ne nous reste plus à voir que ces deux bustes, les derniers de la galerie, et que l'on a mis en face l'un de l'autre ; ce sont ceux de deux frères, André et Joseph Chénier : tous les deux poètes, tous les deux hommes politiques, appartenant à des partis opposés.

L'un fait des élégies touchantes et, jeune encore, meurt pour ses opinions ; l'autre fait des tragédies et des chants patriotiques qui le mènent à l'Institut.

Un jour, Joseph Chénier rencontra une femme, Eugénie de la Bouchardière, comtesse d'Esprada, que son amour et ses vers ont rendue célèbre. Il trouva un rival qui nommait Eugénie *son ange* et que la comtesse appelait amicalement *son martyr*, et ce rival, depuis peu général, se nommait Bonaparte. C'était après Toulon et avant la campagne d'Italie. La fête de la comtesse approchait ; tous les deux voulurent la célébrer : Chénier par des vers, Bonaparte en lui offrant un bouquet d'un genre nouveau, mais en lui demandant la faveur de le lui présenter à la nuit close et les bougies éteintes. Le jour arrivé, dès qu'à un signe convenu on eût fait complète obscurité, le général se présenta avec une tige d'escarboucles éblouissantes. C'était un énorme bouquet de petites mauves dont chaque calice contenait un de ces insectes nommés vers luisants et dont la phosphorescence jette un si vif éclat. Bonaparte avait passé plusieurs soirées à les recueillir un à un dans le bois de Vincennes.

La comtesse en fut ravie ; Chénier s'en alarma, il en conçut même de la tristesse ; et Bonaparte dit un jour en souriant à son ange :

— Je crois que Chénier veut usurper mon titre de martyr.

Depuis ce jour, le général cessa peu à peu ses visites ; mais dans la suite, quand une pétition était signée Eugénie de la Bouchardière, Napoléon faisait toujours droit à ses demandes.

Chénier était mort, Napoléon reposait au calvaire de Sainte-Hélène, et l'ange de Bonaparte, l'idole du poète, la belle comtesse d'Esparda terminait ses jours dans un hospice d'aliénés.

Maurice Alhoy, de qui je tiens ce récit, visitant un jour cette triste maison, aperçoit à une grille, entre deux barreaux, une figure amaigrie, pâle, mais belle encore : c'était Eugénie de la Bouchardière. Elle tenait à la main des vers de Chénier et un reste noirci du bouquet de Bonaparte. Maurice s'approche ; elle sourit et lui montre avec orgueil les vers du poète et les restes du bouquet, dont elle lui raconte l'histoire avec une telle lucidité qu'il ne put s'empêcher d'en témoigner son étonnement à son conducteur. Il se retourne, elle venait de retomber dans sa folie d'où elle n'était sortie que pour un moment.

Vous venez de voir dans cette galerie tout ce qu'elle renfermait de poètes et d'écrivains en 1835.

Que de morts, que de socles occupés depuis cette visite ! Toutes les places sont prises. Sont venus tour à tour Andrieux, Picard, Etienne, Alexandre Duval, Casimir Delavigne, Casimir Bonjour, Mme Emile de Girardin, et deux autres femmes que leurs créations peuvent bien faire admettre au rang des auteurs : Mars et Rachel !

Sortis du foyer sous le péristyle, nous y voyons l'œuvre la plus populaire du célèbre sculpteur Houdon, la statue de Voltaire! Elle me rappelle une triste histoire.

Dans les dernières années de sa vie, Houdon s'asseyait tous les soirs à l'orchestre, et toujours à la même place. Un jour, la place resta vide; mais un homme enveloppé d'une couverture était entré sous le péristyle du théâtre, et là, devant cette belle statue, il s'arrête... Tout à coup, sa tête se perd, sa vue se trouble et il jette sur la statue, pour la voiler à tous les yeux, la couverture qui l'enveloppait. C'était Houdon qui, dans le délire depuis le matin, avait échappé à sa garde-malade pour venir accomplir cette pensée de destruction. Ramené chez lui, deux heures après, le vieillard expirait à l'âge de quatre-vingt-sept ans.

JOUSLIN DE LA SALLE (1).
(1794-1863.)

---

(1) Régisseur général depuis le 15 avril 1831, Jouslin de la Salle fut nommé directeur-gérant le 8 juin 1833, et remplacé par Vedel le 1er mars 1837.

VERSAILLES. — IMPRIMERIE AUBERT.

6, avenue de Sceaux, 6.

Le Carnet Historique et Littéraire

REVUE RÉTROSPECTIVE ET CONTEMPORAINE

Paraissant le 15 de chaque mois

Directeur : Comte FLEURY

Depuis sa fondation, en janvier 1898, le **Carnet historique et littéraire** a publié un grand nombre de documents inédits sur le xviiie siècle, la Révolution, le Premier Empire et le xixe siècle. A citer particulièrement :

Les Souvenirs de la Comtesse de Montholon sur Sainte-Hélène; le *Journal de Bellot de Kergorre,* commissaire des guerres, sur les campagnes de 1812, 1813, 1814, comm. par M. le vicomte de Grouchy; la *Correspondance de Berthier avec Napoléon en 1812,* comm. par M. Albert Vandal; *les Journées des 5 et 6 octobre 1789* et *les Journées de Juillet 1830,* par le duc de Guiche; *la Captivité de Maret,* duc de Bassano; *les Souvenirs du général Jouan;* le *Journal d'un Volontaire en 1792;* les *Souvenirs de Jouslin de la Salle sur le Théâtre-Français après 1830; la Mort de Talleyrand,* par le comte de Sainte-Aulaire; *Nouvelles à la main de la fin du* xviiie *siècle; les Massacres de Septembre à la prison des Carmes en 1792.*

Lettres du maréchal de Saint-Arnaud, de la princesse Elisa Bacciochi au prince Borghèse, de George Sand à Louis Blanc, de la marquise de Prie, d'Hippolyte Royer-Collard, de la princesse Elisabeth Godfried de Condé, de Suzanne Brohan à M. Delaunay, de Guizot, du comte de Chambord, de la reine Hortense, du prince Eugène, de Masséna, de Berthier, de Lucien Bonaparte, de Flaubert, Mérimée, Arnault, A. Dumas, Stendhal, Enfantin, de Louis XVIII, du prince de Condé, de Mme Lafarge, etc.

Variétés historiques ou littéraires : Antoine Guillois, *le Duc d'Aumale;* Frédéric Masson, *Joséphine aux Eaux;* Marquis de Barral-Montferrat, *Reconnaissances d'État;* Billard des Portes, *la Bataille de Fontenoy;* Marcel de Baillehache, *le Combat de Sainte-Croix;* Comte Deville de Sardelys, *Une prospection à Madagascar;* A. Terrade, *Cyrano de Bergerac, Ampère intime;* Comte Fleury, *les Femmes à l'armée pendant la Révolution.*

Paul Gaulot, G. Moussoir, E. Bigot, *Nouvelles historiques.*

ABONNEMENTS. — FRANCE : 14 FR. — ETRANGER : 15 FR.
LE NUMÉRO : 1 FR. 25.

AUX BUREAUX DE LA REVUE

59, avenue de Breteuil, 59

ET CHEZ LES PRINCIPAUX LIBRAIRES

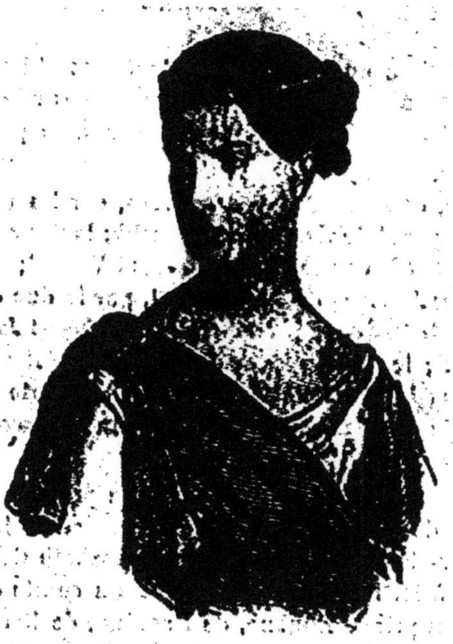

www.ingramcontent.com/pod-product-compliance
Lightning Source LLC
Chambersburg PA
CBHW060201100426
42744CB00007B/1124